【增訂版】

尼古拉．特斯拉

來自未來的超時代神人

珊朵拉 著

覺醒科學

目次

推薦序：地球天才——尼古拉・特斯拉　呂應鐘　007

推薦序　書前介紹　傅鶴齡　013

推薦序　劉原超　017

第一章　你居然不認識他？超前時代進度的發明神人——尼古拉・特斯拉　021

神秘的天才科學家、偉大思想家、來自未來的人　023

愛因斯坦對特斯拉的讚譽　025

川普的叔叔曾經奉命整理特斯拉的論文　026

為什麼教科書裡沒有他？　028

百年前就可能有未來的科技　032

第一艘無線電遙控船，為無人駕駛飛機帶來靈感源泉　035

當無線電力可以被完美的應用時，地球就變成了一個巨大的大腦　038

第一座無線傳輸塔——特斯拉塔　039

特斯拉塔的原型是金字塔　040

航空運輸設備　043

特斯拉渦輪機　045

人類有紀錄以來最劇烈的大爆炸是特斯拉的外星實驗？　047

第二章 受到打壓的特斯拉

劃時代的反重力飛行器 051

特斯拉認為數字3，6，9就是宇宙萬物的真相 054

特斯拉來自未來？還是外星球？ 058

百年內的科技發展是外星人提供的技術？ 061

FBI解密文件公佈，特斯拉是「金星人」！ 062

金星有生命嗎？ 071

金星人口中的金星是什麼樣子的？ 074

工程師洩密：490歲金星人曾為美軍工作 078

宇宙文明已開始現身，你還沒跟上話題嗎？ 079

只相信科學也是一種迷信 083

接軌新的宇宙文明，一切就等我們準備好了 089

特斯拉的慈悲：宇宙疼痛 095

特斯拉收到外星信號，是不是他從小就準備這麼做了？ 097

從歐洲到美國，投靠愛迪生 108

特斯拉是了不起的想像家 122

想像與行動並不全然是二分的 125

第三章 特斯拉的免費能源及資源共享觀 137

沒有人需要再付帳單 139

免費、乾淨的自由能源技術，是一百年前特斯拉給予世界的禮物 140

自由能源的意義與影響 142

完美的共振現象，地球本身就是用之不竭的磁場 144

特斯拉很清楚地球的電磁場中固有能量振動的關係 151

免費能源的證據 153

能量能夠無中生有？ 155

自由能源將是一個全新文明的開端，一個以自由和豐盛為基礎的新文明 162

特斯拉的資源共享觀 164

生命的真相就在於盡可能成為完整的自己 128

不同流合汙，也不反擊回去，特斯拉明白傷害他人等於傷害自己 130

真正的強者，不會將力量強加在別人身上，來相信自己有力量 135

世界上的苦難是缺乏能源的結果 166

第四章 特斯拉的腦內世界及神通能力

二十世紀是從尼古拉‧特斯拉的腦袋裡出生的 171

特斯拉的靈視力 177

每個人都有心想事成的能力，一切都是振動頻率 173

專注於振動頻率，覺醒是有自在的能力去操作及修改變因 178

特斯拉的預知力 180

特斯拉的天耳通 181

特斯拉收到來自外星文明的無線電信號 184

心電感應與靈及異次元溝通 186

見微知著，從宇宙核心汲取資料 188

特斯拉認為宇宙萬物都是有機生命體 192

十九世紀的特斯拉都已在比我們高的次元，你還以為這個宇宙只有3D世界？ 194

如何判斷接收的訊息是不是真理？ 197

一旦有了語言文字，傳達的訊息就開始失真 201

神通是自自然然的事，沒有什麼轟動性價值？ 204

206

第五章 未來的靈性科學發展，以新世界觀做為導航

人原本是無所不知、無所不能的，因為與執著而看不清楚、能力受限 208

無干擾的心容易觸及實相 209

能源有限與適者生存是錯誤的觀念 215

三次元人類思維將繼續尋找方法摧毀彼此和這個星球 近百年的科技發展其實不是進步，而是退步？ 219

唯有物質為真的假設已不敷所需，典範應該轉移 221

地球覺醒的時刻，答案都在共振裡 226

地球的意識必須進化到一定的程度，才能獲得並運用真正先進的科技 229

透過提高你的振動頻率，地球就能獲得療癒 231

宗教與靈性是同一件事嗎？ 233

體會萬物的愛及學習如何觀察 235

以新的世界觀做為導航，地球也可以成為極樂世界 237

附錄：尼古拉特斯拉縱向波能量全息芯片 245

推薦序：地球天才——尼古拉・特斯拉

世界華人星際文明研究總會副理事長　呂應鐘

尼古拉・特斯拉（1856.7.10-1943.1.7），在二十世紀末以前或許很少台灣人知道他，但近年來市面出版越來越多關於他的書籍，也有電影在台灣上映（不過，拍得很爛，根本沒有拍出尼古拉特斯拉的偉大科學見解），也因此打開了一些台灣人的視野。

但，我在大學時期就知道他了，因為在修習電磁學、相對論、量子力學等課程時，教授就提到尼古拉特斯拉，當時就很好奇到圖書館去找有關他的書，在七十年代的台灣卻找不到，但，尼古拉特斯拉的名字深印我心。

尼古拉特斯拉是奧地利裔的美籍科學家，我寧可稱呼他為「未來科學家」，因為他在世所提出的一切，都在未來甚至逝世後成為事實，甚至到了二十一世紀，科學界更是推崇他的偉大。

尼古拉特斯拉一生有一千多項發明，最著名的是在十九世紀末發明的交流電系統，勝

來自未來的超時代神人—尼古拉・特斯拉

過愛迪生的直流電系統，後來成為人類天天使用不可或缺的電能。

他活了八十六歲高齡，晚年窮困潦倒，在旅館中孤獨逝世，終身未婚。將一身獻給了科學事業。他逝世時，除了成噸的文件資料外，沒有留下任何財產和遺言。

後來他的文件資料隨即被美國政府封存起來，並經聯邦調查局聘請專家鑑定，認為特斯拉的研究成果如果洩露對全人類具有嚴重威脅（要為尼古拉特斯拉申冤，根本不是這回事，是對全人類具有龐大利益），所以將其定為絕密情報，永久拒絕向公眾公開。所以過去主流媒體絕對不報導他，教科書也將他抹去，並在各種報紙雜誌上對特斯拉極盡污衊之能，將他說成一個騙子、偽科學家、神棍。

在我寫到這一段時，對一生崇敬的人物感到非常難過，他是一位超時代神人，卻被污衊成這樣，孰令致之？因為他發明的交流發電機、輻射能量接收器、泵、流速計、無葉渦輪、遙控設備、無線電發射機、人造閃電、尼亞加拉水電站等等，都會擋了當時美國拖拉斯大財團的利益。

他又是一位慈悲科學家，一生又不申請專利，提出免費能源及資源共享構想，一心想要完成全球免費電力無線輸送的夢想，當時美國利益集團就將其研究成果摧毀並加以反

008

推薦序：地球天才——尼古拉‧特斯拉

如果一百年前就採用尼古拉特斯拉的所有發明，就會如書中所說「會讓當時1900年的世界提前達到2350年」，現在2020年更是飛躍到了2670年代。

科學方面的前瞻就不談了，在此要談談有人認為他是一位神秘主義者。是嗎？

尼古拉特斯拉說過：「宇宙中的任何一小部分都包含整個宇宙的所有信息，在其中藏著的某個神秘資料庫又保存著宇宙的總體信息，我只是很幸運地可以進入這個資料庫去獲取信息而已。」

「宇宙中的任何一小部分都包含整個宇宙的所有信息」就是佛陀說的「芥子納虛彌」，「其中藏著的某個神秘資料庫又保存著宇宙的總體信息」就是古印度說的「Akashic Record 阿卡西紀錄」，在今日量子理論科學家認知中，宇宙確是如此的存在，一切都是能量，一切都是信息，只要能夠將腦波頻率對上宇宙頻率，就「可以進入這個資料庫去獲取信息」，並不神秘，會感到神秘的是不懂的人。

我從一九七五年迄今寫了一一八本書，橫跨非常多領域，自己也不知何以會有這麼多的「靈感」，到了二〇〇九年十一月，在光中心一場訪問中，龐大宇宙信息透過光中心一

來自未來的超時代神人—尼古拉・特斯拉

位助理小姐宣說出來，說我來自地球星圖之外的星系，非常遙遠，又說有百分之四十的寫書資料是他們傳輸給我的，（現場見證者還有光中心負責人與主編），我當場恍然大悟。

因為當年寫作出版《阿含經大世紀》時就有「有如神助」的感覺，自己從來沒有研究過佛經，卻能用宇宙科學與生命科學角度重新詮釋阿含經世紀經，而且只花十天就寫完了，體會到「靈感」就是「來自宇宙高靈的感應」。也印證了尼古拉特斯拉這一段話：「我的大腦就是一個接收器。在這宇宙裡面有一個核心，我們所獲得的知識力量和靈感，全是來自於那核心。」

愛因斯坦曾經說過「Everything is energy 萬物皆是能量」，上個世紀大家無法理解，到了現在，由於量子理論的興起，市面上談論此方面的書籍非常多，又加上「心靈科學」主題的興起，很多能量療癒課程讓不少人體會到尼古拉特斯拉的話：「如果你想要了解宇宙的真理，就要開始思考這一切都和能量、頻率、共振有關。」

二十世紀人類只重視物質領域的科技發展，不顧道德淪喪、民粹盛行、人心險惡、唯利是圖、環境污染等等自我毀滅的徵兆，但現在應該了解這一切都是負面能量，都是不和諧的共振場造成的。

推薦序：地球天才——尼古拉‧特斯拉

早在三十多年前，我擔任中華超心理學會理事長時，就堅信二十一世紀會是「靈性科學」的世紀，自己也出版過多本這方面的書。尼古拉特斯拉也早就說過：「如果科學界開始研究『非物質領域』的現象，這個世紀的進步會超越過去的所有紀錄。」人類必須注重「非物質領域」的教育，我絕對相信目前用落伍教科書的填鴨式教育，培養出來的人類只是生產線工人而已，教育必須邁向以心靈培養為基礎的道德，方能成就未來的人類新局。

在此由衷懷念這位地球神人科學界的前輩！很高興能為這本書寫序，表達我對尼古拉特斯拉的由衷崇敬！

推薦序　書前介紹

文化大學機電所副教授、美國科羅拉多大學航太博士　傅鶴齡

特斯拉是一位超越時空的偉大科學家，當我在1981年進到美國密西根大學的時候，就曾經參加過一個社團首次我聽到特斯拉的名字，因此我當時就買了一本當年出版的《特斯拉：超越時間的人》(Tesla:Man out op time)，作者就是瑪格麗特錢尼，後來因為課業繁忙，就忘記了這件事；到1989年我在科羅拉多大學念博士的時候又參加了一個科幻社團，再次提到特斯拉的名字，一查發現特斯拉發明了很多重要的設備，既然就在科羅拉多州；此時才開始注意到，這一位偉大的人物；2018年我到上海去開會在12月上海科技博物館辦了一個特斯拉的展覽，我想這也是特斯拉，讓所有東亞文化圈瞭解的開始。

特斯拉的成就已經遠非每一個時代的人們所能形容。不瞭解特斯拉的人認為他是瘋子，瞭解他才華的人認為他是比達文西並超越愛因斯坦的天才，但是看了他的所有資料以後你會發現他不但是天才，而且是一個充滿了謎的天才，他不

來自未來的超時代神人—尼古拉・特斯拉

但發現旋轉磁場產生的能量，為現在交流電提供雛型，他在科學和工程學領域取得超過1000項發明卻放棄交流電的專利讓大家均可使用，同時他也在計算機跟機器人，甚至在今日無人飛機的基礎研究上也有不可磨滅的功勞，甚至在雷射武器的研發上也有獨特的貢獻。據說在他過世後，美國的情報單位特別帶了一位MIT的電機系教授去他住處審查所有他的檔跟資料，這個人非常的有名，就是現在美國總統川普的叔叔。當他看過後，很多東西都一一公開，也就是我們現在所看到的資料，但是根據美國一些有心人的調查發現仍然有很多遺失的資料。

他後半生幾乎完全在紐約的旅館裡面渡過，他喜歡社交活動，他的朋友馬克吐溫曾親自看他展示電燈發亮的實驗。另外也就是美國工業界的威斯豪斯使特斯拉的成就能一一在工業界出現，當時來講，由於愛迪生發明的直流電幾乎與他敵對。但最後美國的工業界還是選上了交流電，他曾經在1893年的世博會（即芝加哥哥倫布紀念博覽會），讓光照亮了整個博覽會，所以他也是一個很會利用群眾，同時展現才華的遠見天才。

作為科學和工程技術領域的領航者，特斯拉過著離群索居的生活，這無疑給傳記作家日後為他著書立傳帶來了極大的困難。然而，1943年，在86歲的特斯拉逝世後不久，

推薦序　書前介紹

特斯拉的第一本傳記——《天才浪子》（Prodigal Genius）很快出版，這本傳記的作者是紐約《先驅者論壇報》（Herald Tribune）科學專欄的記者約翰·J·奧尼爾（John J.O'Neill，普利策獎獲獎者）。很多年以來，這本傳記成為特斯拉唯一寫實的傳記，身為美國公民的特斯拉，死後，其實驗室中的大量物品卻被運往了他的出生地——南斯拉夫的首都貝爾格勒（Belgrade）。人們在那裡建立了一座以他的名字命名的國家博物館，其它任何國家的傳記作家都很難接近這座國家博物館，那些冒險闖入者想要查閱資料的話，必須通過重重關卡。而瑪格麗特錢尼，所寫的內容可說是工程面的特斯拉寫照，今天這本中文本《來自未來的超時代神人「尼古拉·特斯拉」》可說是集我所看過的各各面相特斯拉大成，值得一讀。

最後，希望大家在這本書中能夠探索這位偉大科學家的一生，他的過去，他的現在以及他對未來世界的所有貢獻，也希望這本書的出版能產生更多的東方特斯拉。

傅鶴齡 2020 年 9 月 23 日

推薦序

推薦序

桃園美國學校校長　劉原超

一提到特斯拉（Tesla），大家第一個印象、一定是現在聲名大噪的特斯拉汽車（Tesla Motors），其實特斯拉汽車公司的命名也是在向尼古拉·特斯拉（Nikola Tesla）這位偉大的發明家致敬，這位神秘傳奇的尼古拉·特斯拉對近代科技快速發展有著極大的貢獻。特斯拉是一名塞爾維亞裔的美國發明家和愛迪生是同一時代的人，設計了現代交流電系統其電磁領域的多項專利和理論是現代無線通信和無線電的基石。其千餘項重要的科技成果大多被美國FBI列入國家機密保存並造就美國現代科技的重大突破，也因如此之故其名聲不如愛迪生及愛因斯坦顯露於世，然而在FBI解密文件中可發現特斯拉確實是二十世紀最偉大的科學家，其成果一直影響世界至今不止。究其一生成就莫過於善於運用其直觀性的腦力開發出諸多不可思議的科技。特斯拉本人曾自謂：

「我只是個平凡的人，沒有什麼特殊的能力。宇宙中的任何一小部分都包含整個宇宙

來自未來的超時代神人—尼古拉‧特斯拉

「的所有資訊，在其中藏著的某個神秘資料庫又保存著宇宙的總體資訊，我只是很幸運地可以進入這個資料庫去獲取資訊而已」——尼古拉‧特斯拉。

特斯拉的特殊才能已被許多科學家認為其實是來自於其自身全腦開發。

人腦分左腦與右腦，科學家們早已發現，人的左腦主要從事邏輯性、條理性的思維；右腦主要從事形象思維，是創造力的源泉，是藝術和經驗學習的中樞，人類的行為，特別是大量情緒性行為，均處於右腦的控制之下。在現實生活中，絕大多數的人，只習慣性使用了自己的左腦正如一般人習慣使用右手一樣。由於習慣使用左腦，人終其一生只運用了大腦的3%—4%，其餘的97%都蘊藏在右腦的潛意識之中。因此如何開發右腦已成目前社會上的重要課題，然而目前教育及科技界又沒有一套有效可行的方法。

在回顧人類歷史中，我們發現釋迦牟尼佛於菩提樹下睹明星開悟之際曾云：「奇哉奇哉，一切眾生，皆具如來智慧德相，但因妄想執著，不能證得，若離妄想，一切智，自然智，即得現前。」

佛陀說眾生皆具如來智慧德相（大智慧），也就是人本具之萬德萬能的「自性」。佛教不同於其他宗教，佛教主張開「智慧」而且是自有的智慧，其未能開啟的原因則是人的

018

推薦序

「妄想執著」。妄想執著則是由「無明」所生，無明內容包括主導人類情緒的五大機制：貪、瞋、癡、慢、疑。由此可知開發全腦的關鍵就在於如何解脫「無明」以臻「明心」以致「見性」開悟。情緒開關由右腦所掌握，因此如何掌握情緒似已成為開發右腦的關鍵所在。

右腦是無意識腦包括人的潛意識，右腦的直覺判斷不是以一個步驟接著一個步驟的方式達到的，而是頃刻之間達到的。這與修道開悟者的特徵似有其一致性，右腦這種「整體審視、瞬間判別」的全訊息化應用，確實有利於人類智慧開發以及文明的進步。

臺灣目前的教育體制和教學過程大都忽視了右腦的開發，教師所講授的知識，大多通過練習、反覆、測試等方法灌輸給學生，然而這些方法無一例外只著重了左腦開發。

本序文係應大千出版公司梁崇明董事長特別邀約而撰文以便引導讀者閱讀是盼。

劉原超　美國密西西比大學博士（1989）
曾任桃園美國學校 校長及各大學教授

第一章 你居然不認識他？超前時代進度的發明神人—尼古拉・特斯拉

來自未來的超時代神人—尼古拉・特斯拉

"I'm just an ordinary person with no special abilities. Any small part of the universe contains all the information about the entire universe, and there is some mysterious database that holds all the information about the universe, and I'm just lucky to have access to that database to get information."

——Nikola Tesla

「我只是個平凡的人,沒有什麼特殊的能力。宇宙中的任何一小部分都包含整個宇宙的所有資訊,在其中藏著的某個神秘資料庫又保存著宇宙的總體資訊,我只是很幸運地可以進入這個資料庫去獲取資訊而已。」

——尼古拉・特斯拉

第 1 章／你居然不認識他？超前時代進度的發明神人—尼古拉・特斯拉

神秘的天才科學家、偉大思想家、來自未來的人

在現代科學技術的巨擘中，幾乎沒有人不知道愛因斯坦（1879—1955）、愛迪生（1847—1931），然而很多人不知道與他們同時代中有一位另類人物，幾乎是以上兩位科學家的總和，他被譽為：最接近神的男人。他的肖像從FBI成立的第一天就張掛在機密大樓，一百多年來FBI每天持續在為其進行消毒；在他死後，列入美國政府的最高機密等級，秘密軍事部門直到今日仍在不斷投入巨資，日夜兼程地研究和解密他的科學遺產。

這位堪稱「神的代言人」的科學家擁有一千項發明，他的全部科研成果，超出了同期水平的三百年，甚至是一千年以上，乃至其很多作品直到今天尖端科學界還未能解開輪廓，被稱為「創造出二十世紀的人」。除了很多人說他是離神最接近的人，也有人說他是人類

尼古拉・特斯拉1888年，32歲。

來自未來的超時代神人—尼古拉・特斯拉

有史以來發明創造的巨匠，還曾被美國當時最傑出的電器工程師們稱讚是「來自未來的人」，甚至也被被廣泛地認為是二十世紀的偉大思想家之一。他的成就在過去的一百年裡悄悄地改變著人類歷史的進程，甚至會在不久的將來徹底改變人類世界，他就是——尼古拉・特斯拉（Nikola Tesla）（1856—1943）。

尼古拉・特斯拉 1895 年，39 歲。

尼古拉・特斯拉 1885 年，29 歲。

第 1 章／你居然不認識他？超前時代進度的發明神人—尼古拉・特斯拉

愛因斯坦對特斯拉的讚譽

尼古拉・特斯拉（Nikola Tesla）是一名塞爾維亞裔美國人的發明家，他和愛因斯坦是同一個時代的人。愛因斯坦獨立發展了相對論，這是現代物理學的兩大支柱之一；特斯拉則是發明家和未來學家，設計了現代交流電系統，其電磁領域的多項專利和理論是現代無線通信和無線電的基石。

1931年，愛因斯坦在《時代》對特斯拉的評論：「作為高頻電流領域的傑出先驅，我祝賀您一生的工作取得巨大的成就。」當時愛因斯坦還曾經被記者訪問：「作為世上最聰明的人類，是什麼樣的感覺？」愛因斯坦答道：「我不知道，這個問題你得去問尼古拉・特斯拉。」

來自未來的超時代神人─尼古拉·特斯拉

川普的叔叔曾經奉命整理特斯拉的論文

美國川普總統的親叔叔是一位著名的物理學家、科學發明家，名叫約翰·喬治·川普（John George Trump），是麻省理工學院的博士。第二次世界大戰期間，約翰·喬治·川普擔任雷達分部主席諾貝爾物理學獎獲得者卡爾·康普頓的技術助理。

1943年，特斯拉在紐約的一家酒店因心臟衰竭逝世，政府指派約翰·喬治·川普去整理特斯拉的論文，免得失傳。

二戰結束後，約翰·喬治·川普與荷蘭物理學家羅伯特·傑米森·范德格拉夫（Robert J. Van de Graaff）合作開發出范德格拉夫起電機（Van de Graaff generator），該起

阿爾伯特·愛因斯坦和尼古拉·特斯拉等人在費城的實驗。

第 1 章／你居然不認識他？超前時代進度的發明神人—尼古拉・特斯拉

電機被開發為用於物理研究的粒子加速器，其高潛力用於在真空管中將次原子粒子加速到極高的速度。這或許就是特斯拉的遺產。只是，約翰・喬治・川普獲得的研究成果有哪些，川普總統有沒有接觸過這些資料，這些秘密可能永遠不得而知了。

特斯拉也曾在 1931 年登上時代雜誌的封面。圖 /Time magazine, Volume 18 Issue 3, July 20, 1931 The cover shows Nikola Tesla @ wikipedia

尼古拉・特斯拉 1920 年，64 歲。

來自未來的超時代神人－尼古拉・特斯拉

為什麼教科書裡沒有他？

提到特斯拉，大家第一個想到的一定是現在名聲大噪的特斯拉汽車（Tesla Motors）。其實，特斯拉汽車公司的命名也是在向尼古拉・特斯拉這位偉人致敬。特斯拉發明的電動機，也就是汽車的馬達，馬斯克的汽車特斯拉公司，就是為了紀念特斯拉。

特斯拉的一生發明無數，他在十九世紀末和二十世紀初對電和磁性做出了傑出貢獻。有人曾說過這事實上，現今在我們能夠認知和採用的發明，皆只是他四十歲以前的發明。這還樣一句話：如果沒有特斯拉的出現，那麼整個世界的發展至少延緩半個世紀的時間。這還不包括他在四十歲以後的發明均一律被壓抑和封鎖。1943年，特斯拉離世之後，所

1894年特斯拉在紐約德爾莫尼科（Delmonico）的受訪。

028

第 1 章／你居然不認識他？超前時代進度的發明神人—尼古拉・特斯拉

有關乎他的資料，不論是在報紙、雜誌和書籍上的，皆被人刪除和修改，致使這位偉大的發明家仿佛從未存在於世上一般，無人傳頌他在科學上的貢獻。

綜觀特斯拉的一生，他在科學上的成就與愛因斯坦等同，但地位及評價卻是大大不如。愛迪生，是我們再熟悉不過的偉人，課本都寫著「愛迪生發明電燈、造福人類」，成為大眾爭相效仿的對象。「天才是1%的靈感加99%的汗水」，就是這句至理名言一直留在世人心中。

但事實上，愛迪生所有發明的關鍵人物其實是愛迪生的手下——尼古拉・特斯拉。關於他的一切事蹟和成就，卻被政府及利益集團全部掩蓋

尼古拉・特斯拉在紐約居住的酒店。特斯拉在那裡度過了他的最後幾個小時，除了鴿子，一貧如洗。圖／溫德姆紐約客酒店（The New Yorker a Wyndham Hotel）

來自未來的超時代神人—尼古拉・特斯拉

及抹去，乃至於在今日，人們只知道愛因斯坦，卻完全不了解人類歷史上曾經出現過如此一位偉大的科學之神；在美國，連三歲小孩都認識愛迪生，卻很少人知道特斯拉的名字。

特斯拉的多數發明皆能讓他成為百萬富翁，但是他卻沒有因此獲得巨大的商業成功，晚年時窮困潦倒、孤獨死去。他的許多論文，因為科技水準遠超人類當前認知，且會被美國ＦＢＩ秘密封存，也絕不會是個普通的人，始終讓不少人懷疑是否被某些組織獨占尼古拉・特斯拉的研究成果，或者甚至還存在著更為離奇神秘的事情。也正是如此，當人們理解了尼古拉・特斯拉的世紀貢獻，總會說他是一個被低估的天才。

第1章／你居然不認識他？超前時代進度的發明神人—尼古拉・特斯拉

特斯拉之死，紐約時報 1943 年。

來自未來的超時代神人—尼古拉·特斯拉

百年前就可能有未來的科技

尼古拉·特斯拉被認為是地球上最創新、超越時代的人，遠遠跑在他所處的時代前面，今日我們所使用的大部分科技，都是來自於他。如果沒有特斯拉的研究與發明，今日的科技會是相當落後的。

我們今天生活的方方面面都在得益於特斯拉的貢獻，他在科學和工程學領域取得了大約一千項發明，在使用電的現代，世界上到處都可以看見特斯拉的遺產，他是我們電氣化領域的先驅，當今科學界的發明體系也是建立在他的體系之上。

特斯拉的第一項重要發明是交流電系統。1882年，他繼愛迪生發明直流電後不久，製造出世界上第一台交流發電機，他在交流電電子系統的發展中起到了重要的作用。交流電系統就是我們現代仍在使用的電，電機及高壓變壓器也對現代世界工業產生了深遠的影響。在此之前，人類使用的是愛迪生公司的直流電系統。直流電系統成本高，又無法進行長距離輸送電力，而特斯拉發明的交流電系統則徹底解決了這些問題。特斯拉改進的現代交流電系統，至今仍然惠及著幾十億人類。

第1章／你居然不認識他？超前時代進度的發明神人—尼古拉‧特斯拉

特斯拉第二項重要發明是無線電技術。1897年，他使古列爾莫‧馬可尼（1909年諾貝爾物理學獎得主）的無線電通信理論成為現實。人們知道的智能手機、電腦、電視機、導彈、地圖導航、衛星、宇宙飛船、輪船……這些設備都需要使用無線電技術。對我們現在來說還屬於科技新知的 Wifi、Blutooth、Zigbee 無線充電的技術，特斯拉早在那個時代就已經在研發全球無線電能網路了，建成後這個世界就不需要電線了。

還有一項是太陽能電力無線傳輸，如果人類真的掌握這個技術，意味著手機等設備隨時隨地都可以遠程充電，人類的能源產業將被徹底顛覆。特斯拉的太陽能電力無線傳輸技術也被認為已經研究成功了。

當時特斯拉對磁場的認識可算是亙古未有，後人更以磁力線密度單位1Tesla（特斯拉）＝10000Gause（高斯）以表揚他在磁力學的貢獻。特斯拉是迄今為止世界上唯一一個能在實驗室條件下模擬和製造出火球的人，並對等離子體有精深的研究。

特斯拉還率先提出的概念有：電子顯微鏡、雷射、電視、行動電話、網際網路等和許多其他與我們日常生活緊密相關的事物。他還創造出了第一台無線電遙控的機器人工程學原理、太陽能驅動的發動機、X光設備、電漿燈、電能儀表、汽車速度儀表、冷光

來自未來的超時代神人─尼古拉・特斯拉

燈、電子鐘、電子治療儀、渦輪發動機、直升機、螢光燈和霓虹燈、收音機、魚雷、飛機導航、變電站、感應電動機、遠程自動化系統、變壓器、人造閃電、世界系統、粒子束能、球狀閃電、放大發射機、太陽能發動機、電能儀表、飛彈科學、遙感技術、飛行器、宇宙射線、雷達系統……。或許，特斯拉可能是一個外星人。

此外，他的許多構想，如將自然界無處不在的電能轉化為免費能源為世人所用、「引力門」打開蟲洞穿越時空旅行、統一場理論等等，都可能使百年前就有未來的科技。如此種種，不禁令人懷疑特斯拉是不是未來穿越者。

第1章／你居然不認識他？超前時代進度的發明神人—尼古拉‧特斯拉

第一艘無線電遙控船，為無人駕駛飛機帶來靈感源泉

1898年，他製造出世界上第一艘無線電遙控船，他將其稱作「遠程自動化」。

當時特斯拉在麥迪遜廣場花園的一次電學博覽會上，特斯拉向公眾演示了無線電遙控船隻，他通過無線電波來操作螺旋槳和燈光，從而成功地控制無線電遙控船隻。電視和車庫門的遙控器就是運用的這項技術，特斯拉的無線遙控船隻也啟發了無人駕駛飛機的的創造靈感。

來自未來的超時代神人─尼古拉・特斯拉

1956年7月的科普雜誌封面,特斯拉在1898年麥迪森廣場花園展示無線遙控船隻。

第 1 章 / 你居然不認識他？超前時代進度的發明神人—尼古拉・特斯拉

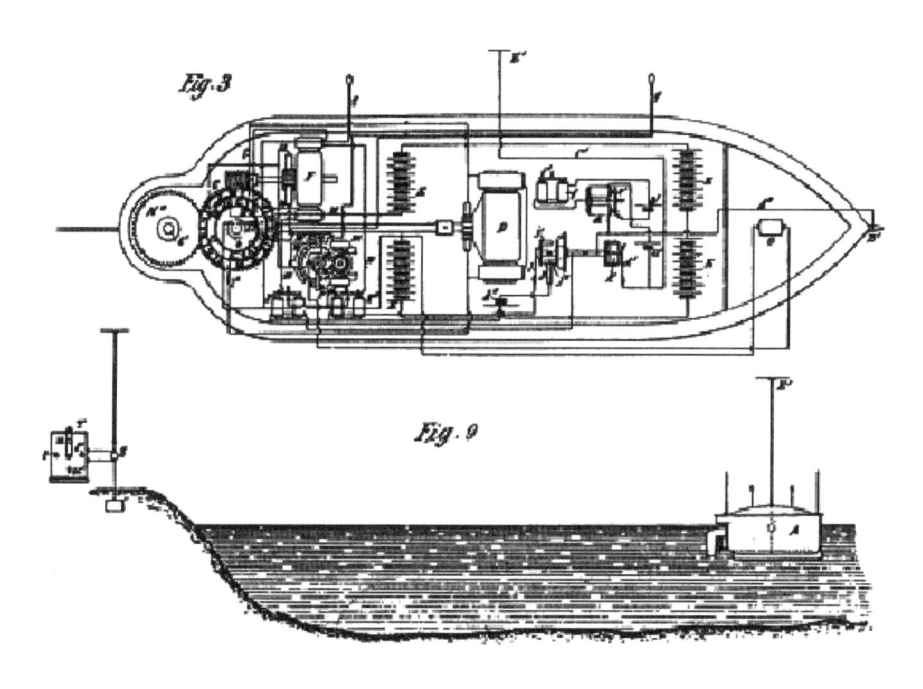

1898 年特斯拉展示的無線遙控船隻原始專利圖和原始船。

當無線電力可以被完美的應用時，地球就變成了一個巨大的大腦

特斯拉特別專注於利用無線電傳輸能量，並且認為在高海拔地區也是可以實現的。所以在1899年特斯拉在科羅拉多斯普林斯（Colorado Springs）建立了一個實驗室做研究，他在那裡製造出了規模與能量最大的特斯拉線圈，將其稱作放大發射機。放大發射機有三個線圈，直徑為52英尺。它可以產生數百萬伏電流並製造出「人造閃電」，閃電最高可達130英尺，是當時最大的人造閃電。放大發射機是特斯拉發明的沃登克里弗塔的前身，而沃登克里弗塔可以向全世界免費傳輸電力和提供通信。

無線電力傳輸直到2010年中期才發展起來，直到2015年，無線電力也沒有在家庭中被普遍使用。雖然這項特殊的項目並沒有成功，但是它的前景還是很可觀的。

特斯拉說：「當無線可以被完美的應用的時候，地球就變成了一個巨大的大腦。本質上，所有的事物都是真實而高於韻律的整體，而有一致性。我們可以無視距離阻隔，彼此間即能通訊。即使相隔萬里，我們還可以通過通訊設備看見聽見彼此，完全就像我們面對面交談一樣。我們實現這種設想的採用設備與現在的電話相比也會驚人的簡單，它甚至可以放在背心口袋裡。」

第 1 章／你居然不認識他？超前時代進度的發明神人—尼古拉・特斯拉

第一座無線傳輸塔——特斯拉塔

1908年特斯拉還設計第一座無線傳輸塔，塔名為「沃登克里弗」（Wardenclyffe Tower），又稱作特斯拉塔（Tesla Tower），連同一個實驗室建在紐約長島。這個規模龐大的電容器，試圖利用地球的能量場，可以聚集起一萬安培的電流脈衝，而其電壓一直保持在一億伏，也就是說可以製造出可怕的一萬億瓦電能，一百年前特斯拉就能以脈衝方式輸送一萬億瓦電力；然而發展至今，目前世界上最大的室內發電機，位在巴黎的電力公司，能產生穩定的六百萬伏特，一百年前的尼古拉・特斯拉卻輕輕鬆鬆達成穩定的一億伏特，至今的科學家仍解不開謎團。

若特斯拉成功了，令一百年前就有無線電力傳輸、無線充電技術並且是大功率的，會讓當時1900年的世界提前達到2350年。

特斯拉建造的沃登克里弗塔（Wardenclyffe Tower），又稱作特斯拉塔（Tesla Tower）。

039

來自未來的超時代神人—尼古拉・特斯拉

特斯拉塔的原型是金字塔

特斯拉建造的沃登克里弗塔（特斯拉塔）與發電站連接起來，根據地球的自然導電性，使得電能夠在空氣中傳播，電器就能從這座塔獲得電能，這座塔的原型其實就是古代金字塔原型的重現。

始建於數千年前的古埃及金字塔是現代世界七大奇蹟之一，同時也代表著古埃及法老至高無上的權力，而許多研究人員和學者對神秘金字塔出自科技未開發的古埃及人之手表示懷疑。在古代文獻中有著大量關於金字塔的記載，考古學家經過長年的研究，已經認定金字塔在遠古時期就被建造出來，建造原因不僅僅是陵墓。

近年來科學家認為金字塔是一個巨大無線電放大器，能收集和放大電磁波。世界上最大的金字塔為139公尺高度的古夫金字塔，建造時間為公元前2560年（格里曆），早在多年前科學家就已發現它的內部隱藏著三個墓室。科學家們發現古夫金字塔能將電磁信號集中到隱藏在金字塔內部的三個墓室和基石下方，三個墓室內的無線電信將得以增強和放大。因此這個金字塔好比一座巨大的無線電放大器。如果在三個墓室中放置一台電視

040

第1章／你居然不認識他？超前時代進度的發明神人—尼古拉·特斯拉

機，或許我們能清晰地收看到電視節目。誰也無法想像四千多年前技術尚未開發的古埃及文明，竟建造出這樣一個無比神奇的無線電放大器，簡直令人難以置信。

大金字塔中也有高密度石英晶體，是由包含著高密度石英的花崗岩所打造，本身實際上是巨大的晶體天線，連同方尖碑可以組成一個全球無線能量傳輸網路，其傳播能量的方式與特斯拉設想的方式是一樣的。

於是，科學家們認為古人或許是利用方尖碑將金字塔生產的能量轉換成電能，並進行遠距離傳輸，透過金字塔與方尖碑，就能形成遍布全球的電力網路。科學家可能會根據金字塔形狀特性建造更高效的太陽能電池，還可能將這種形狀濃縮應用到奈米技術上，製造新一代量高效的傳感器。科學家們的這種理論，是從特斯拉研究的無線電能傳輸塔中得到的啟發。

特斯拉認為，金字塔的位置造就了它們的力量。這些地點是根據吉薩金字塔的建造地點的規律選擇的，這些規律與行星橢圓軌道和赤道之間的關係有關，目的是通過無線傳輸能量。

也就是說，金字塔可能就是一個地質機械裝置，它們會隨著地球頻率振動，之後將

來自未來的超時代神人—尼古拉・特斯拉

地球的能量轉換成電磁能；方尖碑就是巨大的晶體天線，傳播能量的方式與特斯拉研究的無線電能傳輸塔的方式一樣。

金字塔結構是依照地球尺寸的圓周率及太陽的距離，按照比例而縮小的，特斯拉也是能掌握到這些宇宙關鍵的訊息。所以當金字塔吸收地球的重力能源磁場，就能和太陽光及月球的能量發揮作用；金字塔還能夠完整的將行星的能量下載，因此也有人運用金字塔修復身體與心靈，藉由行星能量的交會，達到人體平衡的效果。

特斯拉曾說：「宇宙中的任何一小部分都包含整個宇宙的所有資訊，在其中藏著的某個神祕資料庫又保存著宇宙的總體資訊，我只是很幸運地可以進入這個資料庫去獲取資訊而已。」這說明了特斯拉可以進入宇宙資料庫去獲取資訊，所以總是能將他的發明調整到與環境完美的共振，並且運用自如。

金字塔其實是無線能量發射裝置。

第 1 章／你居然不認識他？超前時代進度的發明神人─尼古拉・特斯拉

航空運輸設備

特斯拉的大部分發明與電有關，這是特斯拉為數不多的非電力專利之一。晚年，他對空中飛行特別是直升機飛行特別感興趣。他申請了一項航空運輸設備的專利，他稱之為「直升機飛機」。他將傳統直升機視為浪費能源，對直升機如何自行降落並實現飛行進行了所有數學運算，接著他提出了他的裝置，它像直升機一樣升起後旋轉，直升機的葉片就變成了飛機的螺旋槳。

在這段時間裡，設備的翅膀起飛時是垂直的，變成像飛機的翅膀，這種裝置的主要主張是消除對跑道的需求。

特斯拉的另一項

特斯拉「直升機飛機」的專利

043

來自未來的超時代神人—尼古拉・特斯拉

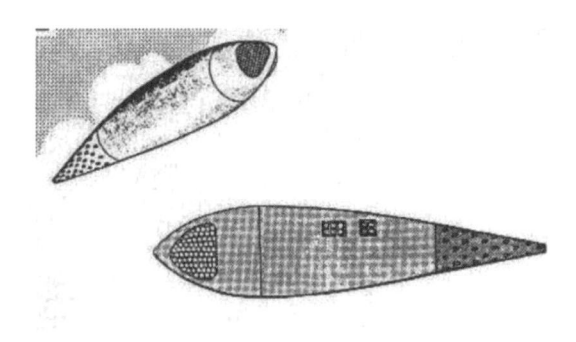

理論上的發明被稱為特斯拉的飛行器，它看起來像一架離子推進的飛機。外觀通常以雪茄或茶碟的形式出現。特斯拉聲稱，他的研究目標之一是創造一種飛行機器，它可以在不使用飛機發動機、機翼、副翼、螺旋槳或機載燃料源的情況下運行。最初，特斯拉研究了一種飛行器，它將使用由接地基站供電的電動機來飛行。隨後，特斯拉提出，也許這樣的飛機可以完全運用電動機械運行。

特斯拉的飛行機器。上述設計是基本類型中較簡單的一種：圓盤或碟形的平移型（稍後開發）和定向型雪茄或卵形。

特斯拉的飛行機器

044

第 1 章／你居然不認識他？超前時代進度的發明神人—尼古拉・特斯拉

特斯拉渦輪機

在20世紀初，世界見證了活塞式發動機在汽車工業中的興起。特斯拉也開發了自己的渦輪機。特斯拉的渦輪機是無葉式的，使用光滑圓盤在燃燒室中旋轉。在燃料進入帶有圓盤的主要燃燒室之前，燃燒將帶動機器運轉。燃燒可以使圓盤旋轉，從而帶動發動機進行

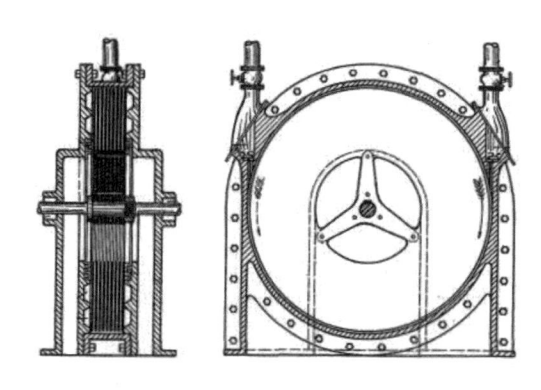

特斯拉的超高效無葉片風力渦輪機

特斯拉渦輪機專利

045

來自未來的超時代神人—尼古拉・特斯拉

工作。特斯拉在1909年測試該發動機時，發現它能夠達到60%的燃燒效率。令人深思的是，目前我們才只獲得了42%的燃料能量轉換率。然而，因為商業的理由，燃油銷售能夠讓人們獲取更多的利益，因此活塞式發動機仍然是如今使用的常態。

第1章／你居然不認識他？超前時代進度的發明神人—尼古拉‧特斯拉

人類有紀錄以來最劇烈的大爆炸是特斯拉的外星實驗？

1908年發生的通古斯大爆炸，科學家發現這個爆炸類似於一個氫彈的爆炸。

1908年6月30日早上7點17分，貝加爾湖西北方向的通古斯地區突然發生了爆炸，2150平方公里內的森林被摧毀，俄羅斯及歐洲的夜空因此亮了好幾天，倫敦的氣壓儀甚至記錄下來氣壓的不正常變化。當時沒有人相信這種爆炸能夠人為操控。這個大爆炸的起因，科學提出了很多假說，最大的疑問是沒有任何撞擊或者外來物的遺留，於是傳說這是因為流星在空中爆炸所致，其他的說法還包括宇宙黑洞、核爆、隕石撞擊、UFO爆炸等等。根據通古

特斯拉在78歲發明的「死光」報導。

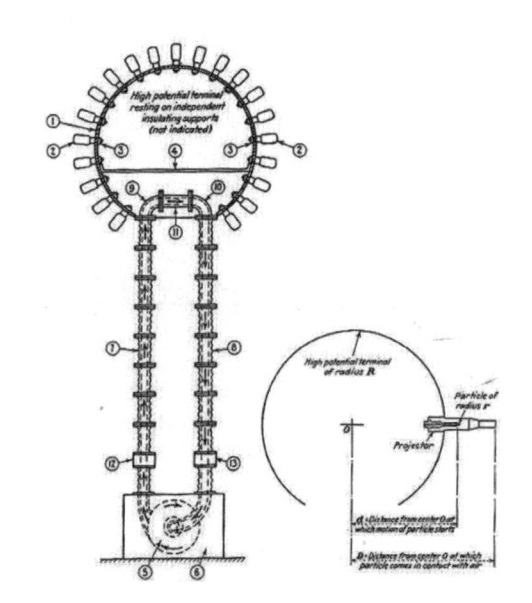

來自未來的超時代神人—尼古拉・特斯拉

斯大爆炸後樹木的碳化程度及土地的磁化現象發現，發現這並不是一般的線形閃電所造成，更像球型閃電，也就是放大發射機所釋放的巨大能量。可以確定的是，在通古斯大爆炸發生前，特斯拉經常出入圖書館，並大量查閱通古斯大爆炸所在地、西伯利亞地區的機密資料。外界認為，通古斯大爆炸是特斯拉在進行遠距離無線能量傳輸試驗。在那個時代，也只有特斯拉才有技術執行相當於廣島原子彈一千倍的能量釋放。現今仍有科學家認為這是特斯拉利用沃登克里弗塔進行無線電能傳輸。此外，特斯拉的實驗不太可能出現輻

特斯拉發明的死光，亦作殺人光線或死亡射線。在一種理論物理學上，利用粒子束或電磁波為基礎的武器，其高峰研究期位於1920年代到1930年代。

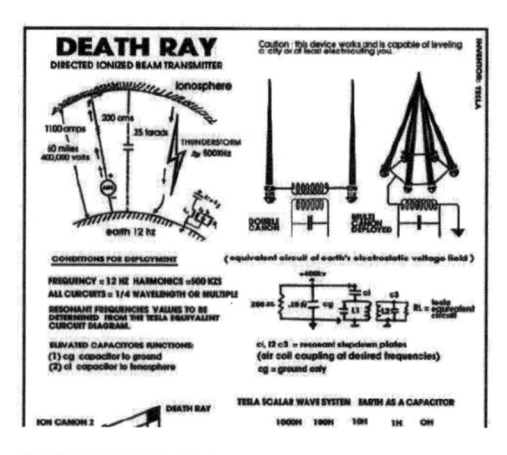

特斯拉發明的死光。

第1章 / 你居然不認識他？超前時代進度的發明神人—尼古拉・特斯拉

射物，因此爆炸所伴隨的輻射物，也被認為是與外星實驗同步進行的，或許是特斯拉和外星人直接溝通聯絡的管道。

另外一個鮮為人知的是，根據記載，特斯拉還是核武器關鍵技術的掌握者，人們知道的原子彈之父朱利葉斯・羅伯特・歐本海默（Julius Robert Oppenheimer，1904-1967）實際上是特斯拉的一位徒弟。

政府對特斯拉的發明非常感興趣，在特斯拉眾多的檔案、計畫和發明中，有一封寫給聯邦調查局（FBI）的第一任局長約翰・埃加・胡佛（J.edgarhoover）的信，特斯拉在一篇文章中談到了致命射線武器及其對未來戰爭的至關重要性，並強調了擁有這種武器的國家將如何比其敵人擁有更大的優勢，比如

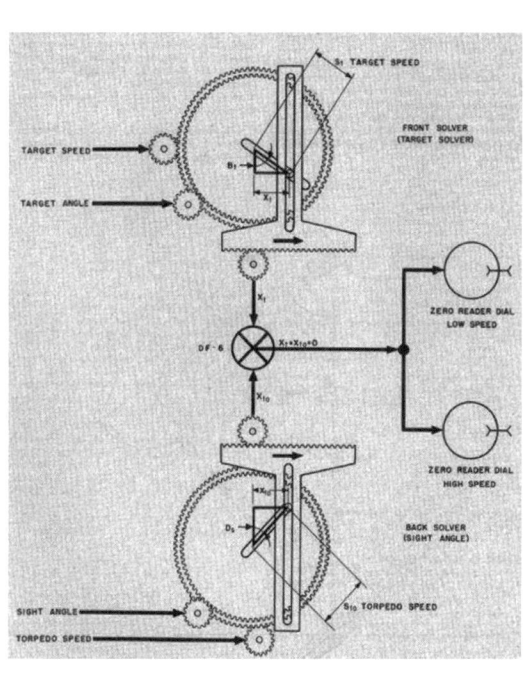

特斯拉的魚雷火控設備（驅逐艦型）

來自未來的超時代神人―尼古拉・特斯拉

死光（Death Ray），在一種理論物理學上，利用粒子束或電磁波（包括光）為基礎的武器。除了死光，特斯拉還研製出一種當時地球上沒有其他國家擁有的魚雷（torpedo），是一種有推進能力、在水下移動攻擊敵艦吃水線下船身的爆炸遠射武器。特斯拉死後，政府急於佔有及掩蓋他的檔案和發明，因為擔心特斯拉的作品落入敵人手中，敵人會利用這些發明，在戰爭中獲得優勢。

Dr. Tesla Claims New Discoveries

Dr. Nikola Tesla is shown here as he was being interviewed by the press on his discovery of an apparatus for transmitting energy to any distance. He kept the details secret.

CLAIMING that the propositions of relativity are false, and asserting that he has discovered a new apparatus for transmitting mechanical energy without wires and to any distance, Dr. Nikola Tesla, world famous scientist made formal announcement of his discoveries on his 79th birthday recently.

Should his announced energy transmitter prove successful, it would become the most sought for device in the world.

特斯拉在他 79 歲生日的發現，科學家正式宣佈他的研究成果。特斯拉發現了一種新的傳送裝置，不需要使用電線的機械能，若是他已宣佈的能源發射機能夠成功，它將成為世界上最傑出的裝置。

050

第 1 章／你居然不認識他？超前時代進度的發明神人—尼古拉・特斯拉

劃時代的反重力飛行器

特斯拉有一項發明研究，與UFO、飛碟極為相似。他在1911年的時候，就開始研究顛覆認知的「反重力飛行器」。

根據特斯拉的口述，他正在研究的飛行器不用推進器也沒有翅膀，並且能夠在空中保持絕對靜止，即使是在大風的環境中也能夠相對平穩的飛行。因為流傳出來的資料過少，許多人認為特斯拉並未成功研製出這種劃時代的飛行器，但是也有許多人認為特斯拉已經完成了這種飛行器的研究工作，美國頻頻出現的不明飛行物體（UFO），很可能就是這種飛行器。

另外，特斯拉還有一個發明，叫做釣飛碟技術，也叫引力門。人們一般認為飛碟都是在另外空間超光速飛行，特斯拉設計了一個技術，讓飛碟在另外空間可以像通過一道門一樣，停靠在地球。

特斯拉也曾經說：「我認為沒有什麼比星際間的交流更重要的了。這種交流肯定會在某一天到來。」他認為宇宙中還有其他生命，並且未來會對地球人類產生不可思議的影

051

來自未來的超時代神人─尼古拉・特斯拉

另外特斯拉說明自己已經接收到了來自於火星的信號，關於火星，他曾經這樣描述：「我在科羅拉多的第一次觀測，在直徑幾公里的範圍內沒有任何其它無線電信號干擾，此外我所操作的條件很理想，而且我受過專業的訓練，我排除了它們來自地球的可能性，我也排除了太陽、月亮和金星的影響。正如我說的，這些信號是由規律的數字重複構成響，而且宇宙間的生命體會如同永恆偉大的人性一樣如同手足。

特斯拉的飛行器。在他眾多的項目中，飛行器，就有遙控魚雷，噴氣式飛機，還有垂直起降的飛行器、氣墊船等等。

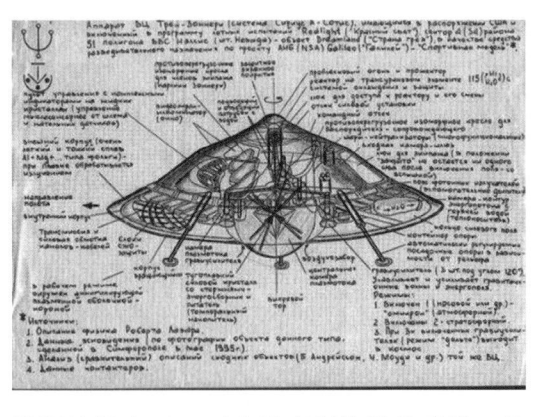

特斯拉提出了一項申請專利的特殊飛機，他稱之為世界上第一個飛碟，世界上第一個人造不明飛行物。

第1章／你居然不認識他？超前時代進度的發明神人—尼古拉·特斯拉

的，之後的研究使我確信，它們一定是從火星上發射的，這顆行星當時恰好離地球很近。

它們的變化是週期性，但又是我無法破譯的一系列清晰的數字和順序。當然我也很熟悉太陽、北極光和地球電流產生的電波干擾，而且我確信這些變化並不是由於這些原因而造成的。」過了一段時間，特斯拉想到了智慧生物操控，他對於當時的發現這樣描述：「我是第一個聽到一個行星對另一個星球的問候的人。我不只是抱著一種幻想，而是看到了一個偉大而深刻的真理。」

1900年的特斯拉宣佈截獲外星無線電信號，這在當時對於所有人來說，是一個全然陌生的概念。

特斯拉認為數字 3，6，9 就是宇宙萬物的真相

特斯拉逝世後，情報機構沒收了他的全部發明手稿，即便在塞爾維亞的特斯拉博物館裡收集的15萬件展品中，也幾乎沒有關於特斯拉的科研數據資料。不過最近，人們在亞利桑那州一位當地藝術家的古董店裡發現了尼古拉特斯拉的一套手稿，其創造年代大概落在特斯拉自由能源實驗室晚期。手繪稿和其他各式畫作混雜放在一個小箱子裡，裡面的手稿內容中有許多潦草筆記，主題包括各種科技設備到自由能源系統。特斯拉手繪稿揭示了乘數地圖，圖中闡述簡單易上手的數字系統。有些內容為大眾所知，但也有少數尚未公開，其中最值得注意的是乘數地圖（Map to Multiplication）或稱數學螺旋（the Math Spiral）。據說這些手稿是在特斯拉自由能源實驗室時期創造出來的。

特斯拉曾說過：「如果你知道3、6和9的秘密，你就掌握了通向宇宙的鑰匙。」他認為數字3，6，9不僅是某些發明的計算出行星的交界點，跟數字3，6，9有關。他認為數字3，6，9不僅是某些發明的關鍵，也是宇宙的關鍵。

數字3，6，9也被稱作「開悟」的象徵。數字3是宇宙意識及貫穿宇宙的能量，3

第1章／你居然不認識他？超前時代進度的發明神人—尼古拉·特斯拉

和6是被9管理的，數字6、9是以3為基礎的振動。宇宙中萬物就像電力，都是這個磁極的對立，而數字9就是二元對立的統一，也就是宇宙本身，即共振、能量及頻率。

特斯拉本身也有一些神秘特質，比如他做任何事都是跟3有關係。他會在所處的環境中立即計算，根據結果是3才會做出選擇。

博物館工作人員正在清點特斯拉的遺產

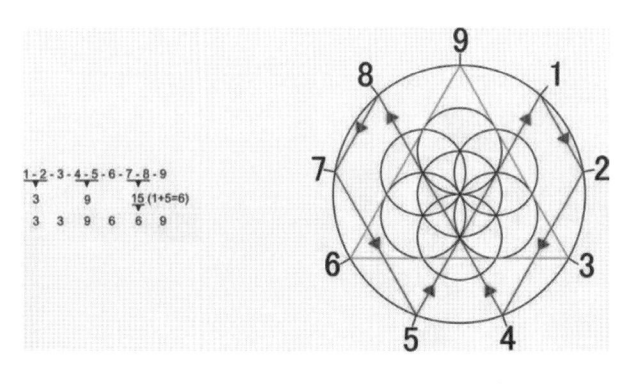

特斯拉認為數字3，6，9就是宇宙萬物的真相
圖／環球物理

來自未來的超時代神人—尼古拉‧特斯拉

系統證明在數字3，6，9和12位置上的數根，會不斷的重複著3，6，9同樣的序列，數字及其數根的自組織性，因此任何事物的結構都取決於數字3，6，9，而對於其餘的數，它們只代表了存在的成分。這些數字揭示出某種獨特的規律，還有更深入的哲學真相，是宇宙的整體振動密碼，只要拿抓住核心觀念，都在整體平衡振動下發生。

如果我們去埃及的吉薩金字塔群，有3個金字塔併排在一起，鏡射星空看到是獵戶座腰帶，我們同時看到另外3個小規模一點的金字塔併排在一起離他們不遠。我們發現自然界中有3和6對稱的證據，像六角形的蜂巢。這是大自然形成的模子，古代人從中模仿來建蓋神聖的建築物。

3，6，9也代表一個從第三次元進入到第四次元的向量，科學家們稱這個為「磁通場」，這個場是高維度的能量場，影響這6個數字的能量廻圈。這是「自由能源」的重大關鍵，這也就是特斯拉最擅長的領域。

宇宙的原始思想必須是透過加法和乘法來理解，乘法使用於複製，加法用於平衡上的調和，是創造任何平衡科技的關鍵。因此，這個宇宙的原始能量不存在減法、除法、開根號，宇宙的能量是無限創造且無窮的，自由能源不會寄託於任何燃料，任何物質都有變成

056

第1章／你居然不認識他？超前時代進度的發明神人─尼古拉‧特斯拉

能源的可能性。

宇宙本身創造萬物絕對沒有汙染，都是調和的，而核能會破壞磁性星際運行軌道，一旦遭到破壞，前進星際文明也成為一種阻礙，影響整個星際文明的交流。平衡科技帶給人類，除了應用於科技，也運用在能源創造，運用平衡科技創造取之不盡、用之不竭的電能。透過平衡所創造的能源不僅乾淨、便宜、無汙染家庭式的能源供應。

這些應用在四次元科技會是如魚得水的，四次元科技是強調無汙染、自由能源、星際文明的發展的，特斯拉也就是擅長於掌握這個平衡科技關鍵的人。

057

來自未來的超時代神人—尼古拉・特斯拉

特斯拉來自未來？還是外星球？

尼古拉・特斯拉是一個有著許多難解謎題的人，主要的原因就是他的發明與言論具有超時代的感覺。要知道發明創造可是很費時費腦的，多數人窮其一生可能連一項發明都創造不出來。

科學本來應以實驗為主，可是特斯拉有一項很高明的本領，他可以直接略過實驗，不需要模型、不必繪圖，就可以直接在大腦中施工，單憑想像就能完成發明，速度極快，且幾乎沒有失敗。他的許多發明到了後世乃至今日，仍舊無法讓人們理解與複製。他還會八門語言，能閱讀十一種文字，擁有照相機般過目不忘的驚人記憶。不只是發明，特斯拉甚至改變了人類的認知，顛覆了傳統科學。

除了發明創造，特斯拉還曾做出許多準確的預言。特斯拉預言了第一次世界大戰的起始時間和發生地點、第二次世界大戰的起始時間。並且他還在1912年阻止皮爾龐特・摩根（John Pierpont Morgan Sr.，1837-1913）登船，令他避免了人類歷史上最著名的船難「鐵尼達號」。

058

第1章／你居然不認識他？超前時代進度的發明神人—尼古拉・特斯拉

特斯拉還提前近70年預言智慧手機的存在，他在1926年就成功預言了智慧手機的出現，世界上的第一台智慧手機是1994年才製造出來的，這真是令人匪夷所思。

特斯拉被譽為時空穿越者真的一點也不誇張，或者也可以說特斯拉超出我們的地球的等級。他要麼是利用自己的發明，從未來穿越回來的；要麼就是從外星球來的。也有一個觀點認為，特斯拉很可能不是在發明創造，而是在做一項翻譯工作，把外星球的科技，用人類能夠理解的方式傳授給了地球。

The New York Sun　July 11, 1935

NIKOLA TESLA DESCRIBES NEW INVENTION

The scientist is shown in these candid camera studies as he told of the discovery of the "art of tele-geo-dynamics" through the invention of an apparatus for transmitting mechanical energy accurately over any terrestrial distance. The method, he said, will provide a new means of communication. It will make possible the remote control of ships and airplanes and will enable prospectors to locate mineral deposits.

Bonus Volume-New York Sun 特斯拉剪輯檔案 1930-1945。1935年7月11日。

來自未來的超時代神人—尼古拉・特斯拉

Bonus Volume-New York Sun 特斯拉剪輯檔案 1930-1945。1937 年 7 月 11 日。

第1章／你居然不認識他？超前時代進度的發明神人—尼古拉・特斯拉

百年內的科技發展是外星人提供的技術？

不知道各位有沒有這個疑惑？人類從數十億年前的遠古文明發展至今，為何只有在這短短一百年來，地球上的科學和科技開始出現了新的突破性的成長。19世紀末，一波科學風展開前所未有的革命思潮，這些知識在許多層面的實質應用。人類發現了電力、鋼鐵、引擎、飛機、核能⋯等等知識。

科技為何突然發展得如此快速。歷史顯示我們現在用的科技是某個人發明的，特斯拉交流電發明，也就是現在使用的電力形式，影響了我們整個地球的發展。這並不是科學家組成的委員會發明的，也不是研究電力組成的科學團體發明的，儘管這些團體雖然比普通人聰明許多，但他們都無法拼湊出那個結果。會不會其實是有高等文明在幫助我們呢？

古人在觀看鳥兒飛行、製作風箏的歷史已經有數千年之久，但直到一百年前，具有動力的飛行器才由兩個製作腳踏車的兄弟發明，這也並非研究飛行問題的科技學院或科學家團隊創造出來的，你難道不覺得奇怪嗎？

會不會這一切其實是存在著高等文明的宇宙，派人在適當的時間來到地球，提供科技協助，開啟相應的知識，才能讓我們擁有有關於飛行的一切？

來自未來的超時代神人─尼古拉・特斯拉

FBI解密文件公佈，特斯拉是「金星人」！

所以，我們所好奇的尼古拉・特斯拉到底是什麼人？他的真實身份會有重見天日的一天嗎？果不其然，從美國聯邦調查局（FBI）解密的文件中果然找到了關於他真實身份的秘密，引發軒然大波。

根據FBI的保密規則，超過50年的絕密文件是要被解密的，2016年，FBI在其官方網站上解密其中的兩份關於尼古拉・特斯拉的文件，2018年又解密了第三份，在這第三份文件中，前兩頁是一份書信，而第三頁劃線的部分赫然提到特斯拉這個的驚天秘密：特斯拉來自「金星」，他是一個「外星人」！在特斯拉從事他所熱衷的科學研究的過程中，許多宇宙人（外星人）曾經來接觸他、幫助他，因為他也是一位宇宙人，他來自金星。這份檔案一經公佈便震驚世界。

這一份FBI公佈的一份解密文件，名為「Nikola Tesla Part 03 of 03」，它是FBI解密的關於特斯拉的第三份檔，一共有64頁的內容，在第三頁有這樣一段話：

「宇宙人（外星人）曾多次接觸尼古拉・特斯拉，並且告訴FBI特斯拉來自金星，

第1章／你居然不認識他？超前時代進度的發明神人—尼古拉・特斯拉

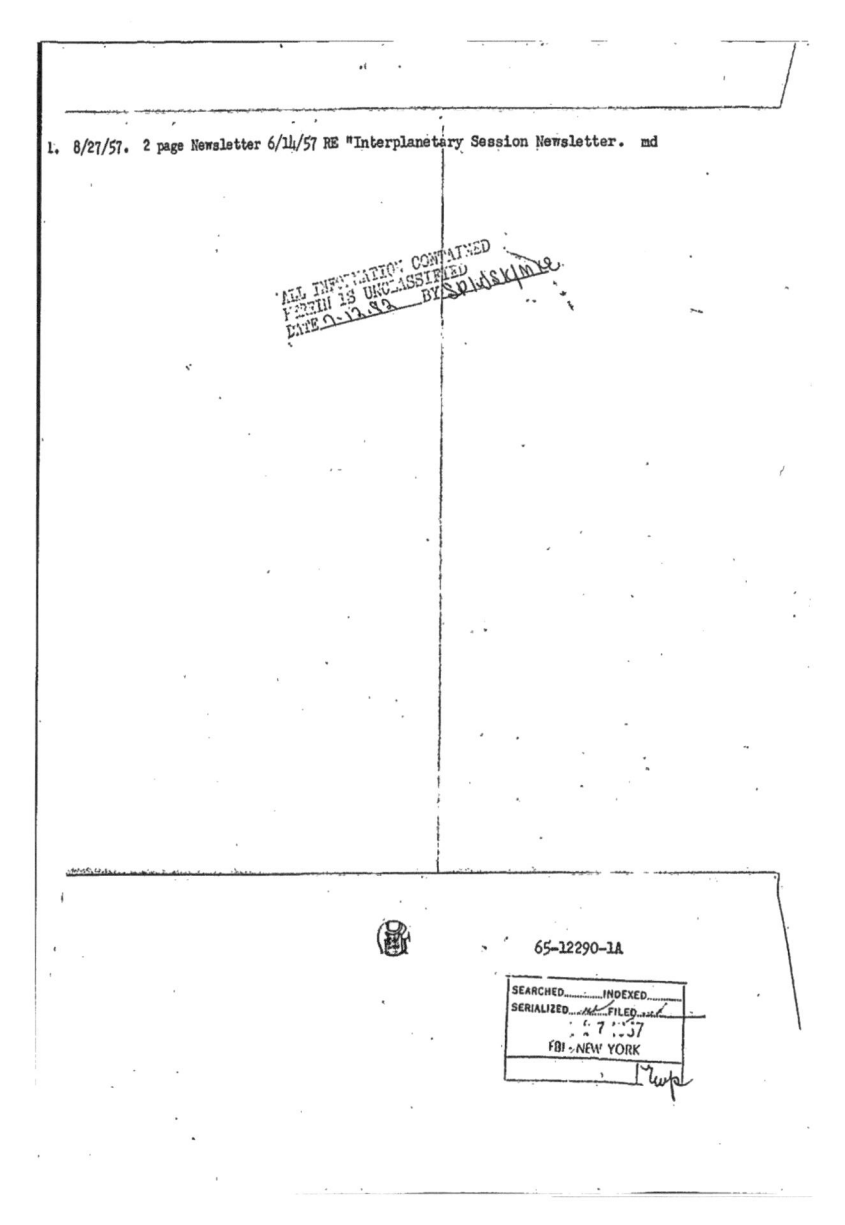

美國聯邦調查局（FBI）公佈了尼古拉・特斯拉被查封並隱藏了數十年的文件圖／FBI官方網站。

來自未來的超時代神人—尼古拉・特斯拉

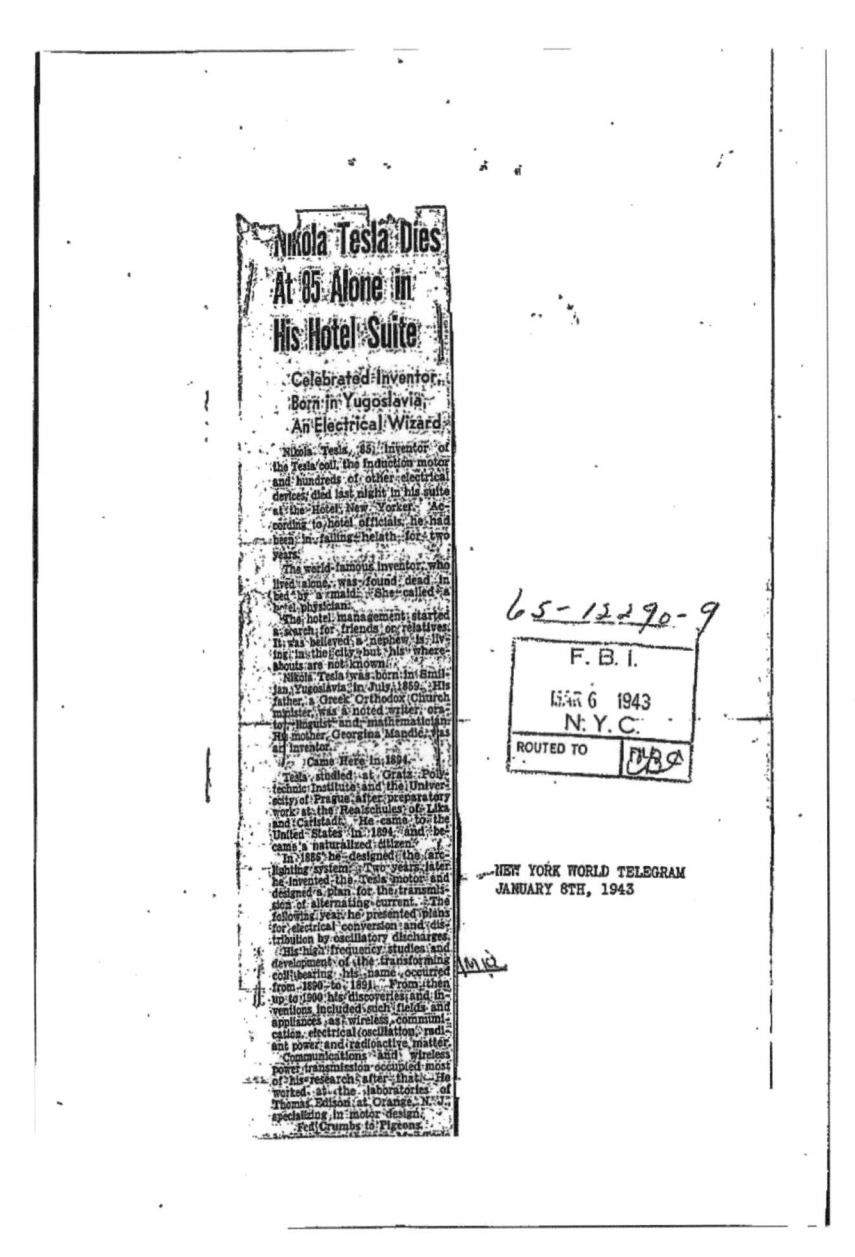

圖／FBI 官方網站。

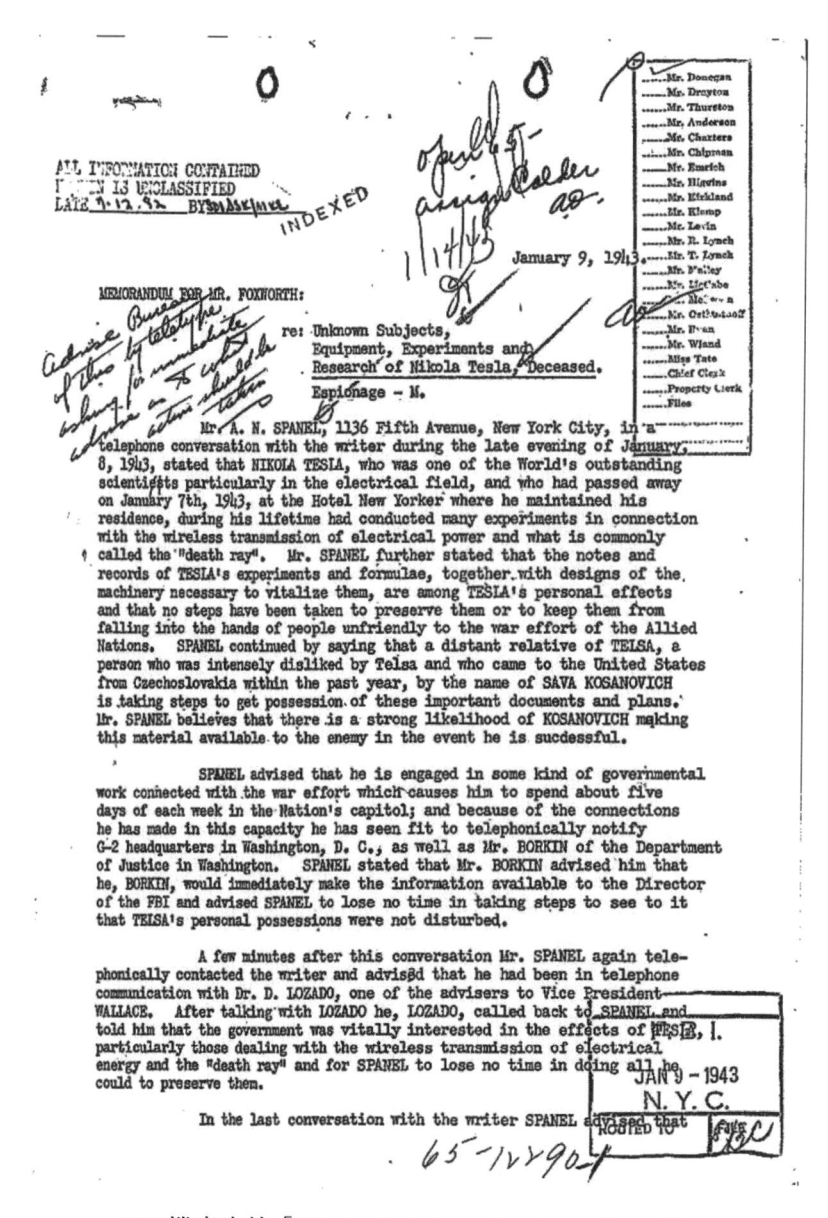

第 1 章／你居然不認識他？超前時代進度的發明神人—尼古拉・特斯拉

FBI 機密文件「Nikola Tesla Part 03 of 03」共 64 頁。
圖／FBI 官方網站。

來自未來的超時代神人—尼古拉・特斯拉

```
June 14, 1957     INTERPLANETARY SESSIONS NEWSLETTER        No. 7
Dear Friends:     INTERPLANETARY SESSION NEWSLETTER.

We have not issued a Newsletter since May 1, 1956 because we had no
Space news which we could consider authentic.  However, now we have some
good news to pass along to you.

LECTURE - by George Van Tassel and Dan Fry, in Ballroom of Hotel
          Diplomat, 110 West 43rd Street, New York City, 8 p.m.
          Thursday, June 20, 1957. Donation $1.25.

George Van Tassel operates the Giant Rock (California) Spaceport and
Airport and has been host at four annual Spacecraft Conventions.  He is
the author of two books: I Rode A Flying Saucer, and Into This World and
Out Again.  He is also the publisher of Proceedings magazine, usually
issued monthly.  Back issues of Proceedings have been reprinted in one
volume.  Address George Van Tassel, P. O. Box 419, Yucca Valley,
California.

Dan Fry is the author of The White Sands Incident.  In this book he tells
the story of a trip which he made in a flying saucer from a desert spot
on the White Sands Proving Ground in New Mexico to New York City and
return, in 32 minutes.

Dan Fry and another gentleman are now enroute to New York by automobile.
George Van Tassel and Art Aho will arrive in Mr. Aho's plane.  They all
plan to be in New York City at Hotel Diplomat on June 17.  They will
probably be heard next week on Long John's program on Radio Station WOR,
from 12 midnight to 5:30 in the morning, nightly except Sunday.

This letter will not reach you in time to sight flying saucers over New
York on the night of June 13, from 10 p.m. to 1 a.m.  But there will
again be full scale operations of flying saucers over all American areas
on July 1. This will be in three phases, as follows: New York areas,
July 1, 9 a.m.; Washington, D.C. areas at 9:25 a.m.; general North
American areas, after 9:25 a.m.; Central American areas, 9:30 a.m.;
South American areas, 9:35 a.m.  Second phase: Same areas as above,
beginning at 12 o'clock mid-day, July 1.  Third phase:  Full scale
operations over all American areas beginning at 7 o'clock on the evening
of July 1.  The above information has been supplied by George King,
editor of Cosmic Voice, 88 The Drive Mansions, Fulham Road, London S.W.
6.  Also, please note that George King has also published back issues of
Cosmic Voice in one volume, price $1.00 plus postage.  This is beyond
doubt the finest "buy" of saucer messages that we know of.  George King
is considered the best telepathic contact which the space people have,
although George Van Tassel is the finest we have in America.

Margaret Storm has been assigned to certain work with the Space People,
as follows: She is writing a book - Return of the Dove - a story of the
life of Nikola Tesla, scientist, and the part his inventions will play
in the New Age.  Much of the data for this book has been supplied to Mrs.
Storm through transcripts received on the Tesla set, a radio-type
machine invented by Tesla in 1938 for Interplanetary Communication.
Tesla died in 1943 and his engineers did not build the Tesla set until
after his death.  It was placed in operation in 1950 and since that time
the Tesla engineers have been in close touch with space ships.  The Space
People have visited the Tesla engineers many times, and have told us that
Tesla was a Venusian, brought to this planet as a baby, in 1856, and left
with Mr. and Mrs. Tesla in a remote mountain province in what is now
Yogoslavia.
```

FBI 機密文件「Nikola Tesla Part 03 of 03」共 64 頁，當中的第 3 頁。
圖／FBI 官方網站。

第 1 章／你居然不認識他？超前時代進度的發明神人—尼古拉・特斯拉

```
Margaret Storm has been assigned to certain work with the Space People,
as follows:  She is writing a book - Return of the Dove - a story of the
life of Nikola Tesla, scientist, and the part his inventions will play
in the New Age.  Much of the data for this book has been supplied to Mrs.
Storm through transcripts received on the Tesla set, a radio-type
machine invented by Tesla in 1938 for Interplanetary Communication.
Tesla died in 1943 and his engineers did not build the Tesla set until
after his death.  It was placed in operation in 1950 and since that time
the Tesla engineers have been in close touch with space ships.  The Space
People have visited the Tesla engineers many times, and have told us that
Tesla was a Venusian, brought to this planet as a baby, in 1856, and left
with Mr. and Mrs. Tesla in a remote mountain province in what is now
Yogoslavia.
```

FBI 公佈的一份解密檔案名為「Nikola Tesla Part 03 of 03」，第 3 頁下半揭示特斯拉來自「金星」。

1856 年時，特斯拉被帶到地球，交給一對南斯拉夫夫婦撫養。

「特斯拉來自金星」此機密一釋出，舉世震驚，也就是說特斯拉並不是地球人所生，那麼，特斯拉從金星來到地球的目的是什麼？外星人多次接觸特斯拉，有何用意？為什麼外星人要告訴美國 FBI 特斯拉的真實身份？

事實上，美國與外星人的傳聞一直備受輿論關注，美國 51 禁區更被指有外星人藏身於此。一直有這樣一種說法，外星人已經跟美國人開始合作了，美國的科技之所以遙遙領先，比如航太技術、飛機引擎技術，其實都是外星人所提供的技術。1856 年，特斯拉被帶到地球上的時代，地球人尚未發展科技，銀河星際聯盟用了約百年的時間，持續地協助地球人類逐步進入科技時代，因此他的使命就是推動人類文明的科學進程。包括我們目前經常使

067

來自未來的超時代神人—尼古拉・特斯拉

用的電腦、手機和網際網路等，都是外星文明的協助，地球才能有如此快速的發展。

特斯拉的發明領先世界數千年以上，只是人們瞭解的僅僅是他40歲以前的作品，他之後大部分的發明與科學發現，都被ＦＢＩ沒收並作為最高等級的機密。「特斯拉來自金星」這種檔，還僅僅屬於一般機密，由於保密年限到期，美國掌握的機密已經能夠慢慢公開。每五十年、七十年就能公開一部分，而最高機密要至少一百年才能解封。這不禁讓人好奇，特斯拉究竟還有什麼秘密檔案？

關於特斯拉的外星身分，也不乏有相關資料揭密。在1940年代初，亞瑟・馬修斯（Arthur Mathews）與特斯拉合著了一本名叫《光之牆》（The Wall of Light）的書，此書名來自於一種無法穿透的力場裝置，這本書從1971年開始受到版權保護。這也是特斯拉唯一一部不是討論科學技術的著作。這本書的第一部分是由特斯拉執筆，馬修斯負責第二部分。特斯拉在

早在1891年，特斯拉就設計了一個稱為「共振變壓器的裝置」。事實上，這是一個巨大的發電機，產生了強大的電壓——多達幾百萬伏特。

068

第1章／你居然不認識他？超前時代進度的發明神人—尼古拉・特斯拉

裡面談論了他的童年經歷、他的體驗、他的研究以及自己不凡的一生。這本書中亞瑟・馬修斯寫道：「特斯拉一直認為自己其實是個金星人。他和我說了很多，而且金星太空船的船員在他們的第一封交流信息裡就有提到，1856年7月，有一名男孩在他們從金星前往地球的途中出生在了他們的太空船上。」後來那個男孩被送到了靠近克羅埃西亞利戈區的戈斯皮克的斯米連。馬修斯還提到了金星人登陸在他位在加拿大的家的情形，後者還告訴他說，特斯拉也是他們的一份子；換言之，他來自金星。根據馬修斯所說，特斯拉是在1856年7月9—10日的午夜時分出生在太空船上。這個嬰兒之後被託付給了一對善良的地球父母照顧，當然他們並不是他真正的雙親。

特斯拉還說，他是透過他在1898年建造的「特斯拉鏡」來與金星人溝通。後來又在1938年重建了一架。每當與金星人開始聯絡的時候，鏡子就會發出巨大的嗡嗡聲。金星太空船有兩個人來引導它，而且似乎沒有任何物理機制，因為它們都是通過思想投射來完成操作的。這艘飛船似乎是由金屬製成的，看上去像是兩個巨大的碟子，在離船體大約20英尺遠的地方，有一條被稱為導向環的無支撐材料帶環繞著，它似乎是被某種磁力固定住的。這艘母艦搭載了24艘小型太空梭、地面車輛、船員、花園、娛樂區、自習室

069

來自未來的超時代神人─尼古拉‧特斯拉

1959年，一位名為瑪格麗特‧斯托姆（Margaret Storm）的女士撰寫，由她自己出版，用綠墨油印製。這本書貫穿一個思想：特斯拉是從金星飛來的超級生物的化身，在書中244頁提道：特斯拉就是金星人，他是在一個小嬰兒的時候乘坐太空船來到地球的，他長大成人，完成了他的偉大使命，將寶瓶座時代（意味著整個人類文明的開始進入了靈性文明的傾向）提升到榮耀的高度。瑪格麗特曾經採訪過特斯拉身邊的人，還研究過他和他的學生所有的論文，關於金星人與外星通訊的消息，是從特斯拉的有密切交情的人員那裡得知的。特斯拉在1938年就通過自己發明的無線通訊裝置和宇宙取得了聯繫，去世後他的助手們也是通過這個裝置從星際朋友那裡得知特斯拉來自金星的消息。

還有一位來自金星女人歐米娜‧歐涅克（Omnec Onec），在1966年當時才18歲的她就說道：「尼古拉‧特斯拉是從金星來為我們提供幫助的。」

從這些資料我們可以知道，或許這位一手締造出我們的現在工業文明的開創者其實是一位外星來客。他們為幫助人類而來，相比地球，宇宙深處才是其歸屬。

第1章 / 你居然不認識他？超前時代進度的發明神人—尼古拉・特斯拉

金星有生命嗎？

而與此同時，一個重要的問題也出現在了我們面前：金星是一個有生命跡象的星球嗎？

金星，英語和拉丁語都叫 Venus，它的名稱源自羅馬神話的愛與美的女神維納斯，在太陽系的八大行星（冥王星被降級為矮行星）中，是從太陽向外的第二顆行星，公轉週期為224.7個地球日，它沒有天然衛星。

人類自進入太空時代對金星的研究從沒少過，因為金星是除了月球之外距離最近的天體，它的大小、質量、體積與到太陽的距離均與地球相似。不少有天文常識的人皆認為金星是不可能有生命存在的。因為金星有著四顆類地行星中最濃厚的大氣層，其中超過96％的都是二氧化碳，表面的大氣壓力是地球的92倍。它的溫度比地球高很多，

太陽系。金星，英語和拉丁語都叫 Venus。金星人歐米娜・歐涅克（Omnec Onec）稱金星為蒂薩尼亞（Tythania）。圖／天文館網站。

071

來自未來的超時代神人—尼古拉·特斯拉

表溫度高達485攝氏度，比最靠近太陽的水星還要熱，寸草不生，形同煉獄，遠遠超出了生命的承受範圍。

金星沒有將碳吸收進入岩石的碳循環，似乎也沒有任何有機生物來吸收生物量的碳，金星被一層高反射、不透明的二氧化硫和硫酸雲覆蓋著，它在過去可能擁有海洋，但是隨著失控的溫室效應導致溫度上升而全部蒸發掉了，因此金星表面是乾燥的荒漠景觀，此外還隨時下著腐蝕性極強的酸雨，能夠輕易腐蝕常見金屬，如此高溫、高壓和硫酸雲的惡劣環境，這也是人類探索金星的主要困難之處。因此，學界迄今對於金星的所知有限。

然而，國際研究團隊在2020年《自然天文學》期刊發表中，對於金星的研究，科學家有了重大突破。

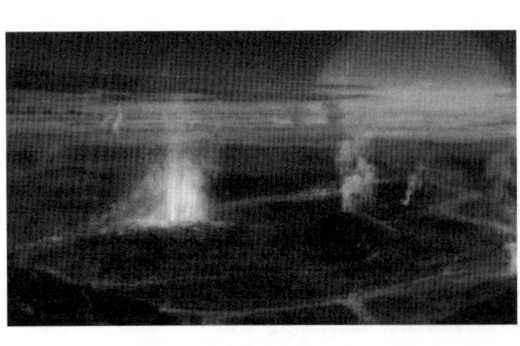

2017年透過位於夏威夷的「詹姆士克拉克麥克斯威爾望遠鏡」，2019年透過位於智利的「阿塔卡瑪大型毫米及次毫米波陣列」無線電波望遠鏡觀測所得，研

1970年的金星7號成功登陸金星表面，測得金星表溫度高達485℃，大氣壓力至少為地球的90倍，被形容成永遠燒著業火的煉獄。

072

第 1 章／你居然不認識他？超前時代進度的發明神人—尼古拉·特斯拉

究者、美國麻省理工學院天體物理學家薩傑指出，「金星上正在發生一些完全出人意表且高度引人關注的事，因而產生我們未曾預期會出現的少量磷化氫氣體（phosphine）。」發現金星大經過分析，唯一較可能的解釋，就是金星上有生命存在。主要研究者、卡地夫大學天文學家葛瑞芙斯表示非常意外，美國航太總署署長布萊登斯坦也表示，這是目前為止尋找外星生命過程中「迄今最重大的發展」。

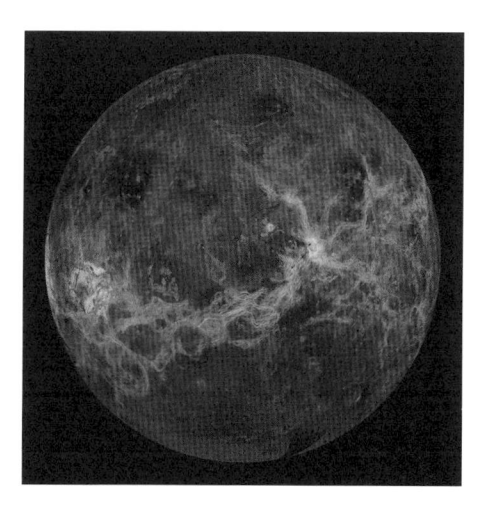

最新研究顯示，金星大氣層中含有磷化氫。

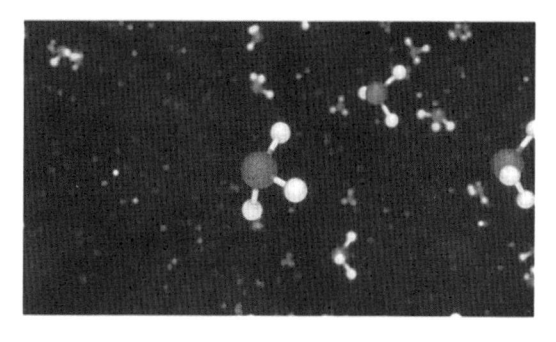

科學家在金星的大氣層中發現被視為「生物標記」的磷化氫，認為金星可能有生命存在。

073

金星人口中的金星是什麼樣子的？

不只是特斯拉，還有一位歐米娜・歐涅克（Omnec Onec）也自稱來自金星。歐米娜在2014年的挪威國際UFO會議上說她來自蒂薩尼亞（Tythania）星球，也就是我們所稱的金星，她在那裡出生，且在她還是一個小孩的時候，就決定要來到地球。

歐米娜出生在金星的星光層（Astral dimension），這是比我們地球人所處的「物質維度」要高一級的「乙太層面」。歐米娜在7歲時，當時是我們的1955年，告別金星的家人，在叔叔奧丁（Odin）的陪同下，她先經過金星上被稱為瑞茲（Retz）的城市，算是一個通道，那裡是金星上唯一一個同時存在於星光層和物質層的地方。把自己的振動頻率由「星體維度」降低為「物質維度」，即可在我們地球人的第三維度顯現出肉體。她接受了顯現成物質身體來到地球繼續生活，因為某處聖殿中取得物質身體。在這樣她可以保留其意識和靈性知識，如果通過地球的出生階段這些知識就會被清除。

接著她坐上一艘小型飛船飛出金星，然後換乘專門用來進行星際旅行的雪茄型飛船來到了地球的大氣層，最後她乘坐小型飛船來到了西藏，在一間寺廟裡用了一年時間來適

第 1 章／你居然不認識他？超前時代進度的發明神人—尼古拉·特斯拉

應物質身體和重力那裡同時也是座修道院，數千年來一直都是外星訪客用來調節並適應地球大氣與重力的地方。歐米娜花了一年的時間，學習如何操作身體、使用聲帶及怎麼吃東西。隨後她到了美國。

從FBI的解密檔案中，我們可以知道的是特斯拉與歐米娜一樣，是從金星來到地球，而不是從地球上出生的。另外一提，歐米娜也有說到尼古拉·特斯拉是從金星來幫助我們的，她所出版的書早於FBI檔案公布之前。

歐米娜說明自己來自的不是物質上的金星，而是金星的星光界，不是肉身國度，這是地球人類還無法接觸到的空間。因此以目前地球人類的科技水準是沒辦法探測到的。如果他們的文明真的遠超地球人類，那麼，金星人具體是如何存在於金星的，實在也不是地球目前的人類所能想像的。

在地球上，歐米娜依然用心電感應與金星家人溝通。她想要告訴地球人的資訊是：請不要對來自太陽系或是其它星系的訪客們感到恐懼，他們都是地球人的兄弟姐妹。而且太古時代就已經來到過地球，他們會保護地球免受其它星系任何種類訪客們的危害，他們會幫助地球人提升意識，當地球不需要他們保護時，他們會預定提供先進的科技。這個說法

075

來自未來的超時代神人—尼古拉・特斯拉

與特斯拉所說的「宇宙間的生命體會如同永恆偉大的人性一樣如同手足」是一致的。

歐米娜的訊息中，還包括火星、土星、金星等在高維度是存在文明的，而物質世界僅有一些文明的遺蹟，這也解釋了金星及火星上拍到的各種奇怪建築。太陽系的文明種子全部來自其他星系（昴宿星，人馬座，天狼星），有些外星種族和我們差別很大，也有非物質存在的文明種族。

很久以前，火星、土星、木星和金星都曾有過物質生命，這些星球和來自其他星系的其他文明都是地球人類的祖先，它們和我們現在一樣都是物質文明社會。在某個時間，這些星球進化到另一個階段，上面的居民、城市、社會全部上升到了高維度高頻率的空間。我們肉眼是無法看到高維度的空間的。

歐米娜描述高維度的金星生活與目前的地球生活是大相逕庭的。在星光層，他們全部用心靈感應進行交流。在物質世界的地球，遠在亞特蘭提斯的高度文明時期，我們曾一度掌握這個技能，可惜在後來的發展中我們逐漸丟失了。

金星人不需要吃東西，他們直接從周圍環境吸取能量，這些能量流經所有宇宙空間。

他們可以用思維來創造一切，包括房子等等，亞特蘭提斯文明也有這樣的能力。

第 1 章 / 你居然不認識他？超前時代進度的發明神人—尼古拉・特斯拉

金星的科技水準非常高，以大自然的能量為原料，類似一種自由能源。他們高度發達的思維系統緊密相關。在地球，歐米娜幾乎不睡覺，取而代之的是冥想。他們壽命很長，按照地球時間來計算，歐米娜已經250歲了。

歐米娜還透露了飛碟的原理。大部分的 UFO 採用磁能飛行，他們通過一根貫穿飛船中央的磁柱來創造自己的磁場。大氣中存在三種磁波，飛船在中波段中飛行，因此可以輕鬆上升、平飛等等。飛船一旦頻率過快就會消失在我們面前，但它依然在那裡，只是我們肉眼看不到。就像高速飛轉的扇葉，我們可以看到後面的東西。他們可以在時間空間和不同維度中旅行，與自然協調發展時，不必限制於光速，當然這是我們所不能理解的。太空旅行時，飛船內部一切靜止，看到各種星球在眼前閃過。這也是他們將來打算與人類分享的科技。

077

工程師洩密：490歲金星人曾為美軍工作

美國一名工程師曾聲稱，50年代有個金星人索爾（Valiant Thor）曾為美國軍方工作。

索爾看起來像人但有生理差異，大約六英尺高，185磅重，擁有棕色捲髮和棕色眼睛，他的每隻手有六個手指、有一顆超大的心臟、一個巨大的肺、像章魚一樣含氧化銅的血。索爾智商1200，並能流利地講100種語言，他的壽命是490歲。有訊息證實，美國總統艾森豪和尼克森都見過他。著有《五角大樓的陌生人》（Stranger at the Pentagon）一書的斯特蘭傑斯（Frank Stranges）博士，也聲稱自己見過索爾。前美國政府顧問古德（Timothy Good）曾對他所知道的外星人知識暢所欲言，他也說艾森豪見過外星人。外界認為此外星人應指索爾。索爾在1960年3月16日上午，從弗吉尼亞州亞歷山大（Alexandria）乘飛船離開了地球。

第1章／你居然不認識他？超前時代進度的發明神人—尼古拉・特斯拉

宇宙文明已開始現身，你還沒跟上話題嗎？

我們地球上目前的科學普遍認為金星是沒有生命存在之可能的，所以當歐米娜在公開發表自己是金星人之前，面對諸多質疑聲，她更提及自己曾經和周遭的人說自己來自金星的時候，不少人都對她投以憐憫的眼光，認為她是心理孤單或是情感創傷所產生的幻想。

當我們一般人說出「相信有外星人」，也經常會被認為你沒有「客觀理性的思維、嚴謹的科學精神」，將電影及動漫的科幻劇情當真了。

當代許多主流心理學家都認為，ET和UFO經歷，是一種精神創傷逃避痛苦的一種形式。只要不願意承認殘酷的現在，潛意識不願意承認，只好製造虛假的記憶，讓幻象、象徵物和物理現實之間的界線越來越模糊。因為逃避現實，會想投射到遠離受害者的地方，而沒有比外星球更遙遠的地方了。

外星議題在我們目前的文明，從來沒有被嚴肅地對待過。在我們社會裡，外星人跟動漫是同一個領域的東西，屬於荒謬性質，而在這個現實世界裡，超自然是不可能存在的，不可能存在的超自然現象，被我們理性思維排除在外。當你想解釋某些非物質的事實時，

079

你會遇到周遭甚至是你最親近的家人朋友們的懷疑。人們追求物質方面的證據，如果沒有親眼看到，他們就不會相信。

從物理層面來看，我們已知宇宙中恒星數量，是和地球上沙粒數量一樣多的，沒有外星人的這一說法，除非是我們傲慢地認為，人類是宇宙中唯一智慧生物。這甚至還說明，我們堅信所有外星球的物種都建立在地球的物質運作規則上，宇宙中各個智慧文明發展都和我們在同一個水準或之下，所以可以由目前地球的儀器就能偵測全部宇宙的真相。

只是，科學家一直於浩瀚無邊的宇宙嘗試尋找外星生物的存在，但從未找到有力證據證明。人類若不是宇宙唯一的智慧生命，既然可能有外星文明的存在，那麼為什麼還沒實錘證據呢？美國太空總署（NASA）埃姆斯研究中心（Ames Research Center）的科學家希瓦諾・科隆巴諾（Silvano P. Colombano）最近發表研究報告指出，外星人或者已造訪過地球，只是他們的存在模式與我們想像中不一樣，外星生物很有可能擁有與人體不一樣的構造，例如他們的身體未必如人體一樣由碳等物質組成。其實外星人在地球各處行走，但是我們一般人根本無從知道身邊有許多能夠啟發靈性的外星鄰居一起在地球上生活著，因為我們無法用肉眼看到他們的身影。

第1章／你居然不認識他？超前時代進度的發明神人—尼古拉‧特斯拉

這說明了人類一直苦苦追尋浩瀚無邊的宇宙，嘗試尋找外星生物的存在，不是僅限於我們目前物理學的層次所能偵測、人類肉眼所能看到的範圍。有的的科技比我們高很多，所以我們無法偵測到他們的太空船；雖然在一九四〇年代後期，幽浮以驚人的數量出現，然而縱使有眼見為憑的證據，我們看到的也未必是它原本的樣貌，它為了符合我們地球人的意識心智的感知範圍，而呈現我們地球肉眼所能看見的樣貌。就算是在地球的物質層次，貓狗的眼睛所看到的世界和人類也不相同；每個人類之間所能聽到的聲音範圍，也有分頻率的不同。例如近年日本東京一公園為驅趕破壞公物的不良少年，特地利用一種高頻驅趕器，在晚間播放只有青少年才能聽到的噪音，亦有一案例顯示青少年在班級裡播放此類高頻的音效，全班同學都感到尖銳而難受，老師卻是聽不見的。

由此可說，生物的感官能力不同所看到的世界也不同。東方哲學裡所謂的理一分殊，真理只有一個，但是投影有很多種，《金剛經》裡說：「凡所有相，皆是虛妄。若見諸相非相，即見如來。」只要是現象，每個人因為境界的不同，會看到不同角度及某個部分的真理，只有開悟的人才能見著真實的樣貌。《大般涅槃經》中所說的瞎子摸象，其意思是每個瞎子摸到的都是象的其中一個部位。只有真正開悟的人回到自己的本心，將心中

081

許多的假設、認定等執著放掉，不為現象世界所羈絆，才會看到真實，此即「若見諸相非相，即見如來」。

要了悟真正的真實，是會心當下的本體，而非在別人的看見中看到自己的看見。因此，我們所蒐集的證據資料只是平面組合，不同的境界的人看到的是不同的深度及意義，唯有通過自我研究開發出更高的素質，才從而能對那些習以為常的資料作高層面的理解。

第 1 章／你居然不認識他？超前時代進度的發明神人—尼古拉‧特斯拉

只相信科學也是一種迷信

以目前的科學儀器只能研究看得到的事物，需要科學「方法」來「驗證」，就跟法律需要證據一樣，確實有人是在現象上誤判，解開說謊或誤會，這是可取信人的方法；但是認為看不見的東西就不存在，也是誤判。因為現在我們一般科學所接觸到的，其實只是冰山一角，另外官方也不會把所有的包括已經成熟的和不成熟的技術都展示出來。

物質科學是以肉眼所見的物質為研究對象，它無法理解事物所來自的能量範圍。在儀器之外，還有一大群電磁範圍是我們的儀器根本感受不到的，例如，肉眼看不到X光，看不到宇宙的射線、紅外線與電磁波，因為這些現有的儀器是我們目前地球人的意識心智設計出來的，它符合了我們心智的感知範圍。光分為可見光和不可見光，不可見光占了六成；不可見光包括電磁波與紅外線；紅外線又分為一般紅外線與遠紅外線。可見的物質世界只占宇宙的4％，代表不可驗證的暗物質與暗能量占96％，也就是科學只能驗證4％而已，其他都是未知部份。

目前我們的科學發展也只適用在地球上。也許地球之外的黑洞裡使用的就不是科學，

083

來自未來的超時代神人—尼古拉・特斯拉

只是我們不知道而已。

科學無法證實的，更具多次元性質，線性的性質則會減少，但不管是多少次元，目前學界直接統一稱為無形界。

只相信科學也是一種迷信，是建立在由證據讓人信服的共識上，你並非親自證知，只是採取了一個你相信的立場並全盤接受，信奉科學為解答萬事萬物的真相，而拒絕無形界及科學框架以外的96％事物，聽到有說服力的客觀證明，這是相信科學儀器、科學法則及科學家的能力，與選擇一種自己所信任的神或宗派信仰一樣，也是選擇一種相信，一切背反科學精神、科學方法與科學結論的，皆被視為無存在之必然而被貶責乃至棄絕，這樣的世界觀成為一切知識與生活的信仰。迷信不侷限於無法被科學驗證的事物，迷信是一種行為。

若可驗證的、取得共識的客觀證明才是真實，那麼，我們該如何說明釋迦牟尼佛開悟說的法從何而來？世界上的第一個科學理論由什麼來證明呢？如屈原《天問》所說：「遂古之初，誰傳道之？上下未形，何由考之？冥昭瞢闇，誰能極之？」真相往往是自己去真實經歷的東西，而非選擇相不相信；只有當自己無能為力理解真理、不曾親身體會、無法

084

第 1 章╱你居然不認識他？超前時代進度的發明神人—尼古拉・特斯拉

堅信事物真實存在的時候，才必須要選擇一個相信的立場。

覺醒意味著有獨立思想、獨立人格，不需要依靠他力來理解這個世界，他是初次地看見事物，必須獨自完成這自性化的歷程，這是無法因循的，看到的是任何學說、派別、假設任何可說事物之前的東西，而非透過別人的看見來採取相信的立場。要超越這階層，必須從描述性的視野（paradigm），轉變體驗性的證知。整體真相我們只能用體驗的，進入那廣大存在的本性。

研究過東方哲學，就能得出類似的結論：離感官之知，到達非意識所行境界，不是思辨所及的才是真知，這個時候對於真理是直觀就能明白的，因為它如本來如是的道理相應，佛學說「法性爾故」。就如特斯拉所說，「宇宙中的任何一小部分都包含整個宇宙的所有資訊，在其中藏著的某個神秘資料庫又保存著宇宙的總體資訊，我只是很幸運地可以進入這個資料庫去獲取資訊而已。」特斯拉能夠如此，是因為他「沒有質礙」，也可說是具有般若智慧。佛經裡的夜摩天能夠穿牆越戶，通行無阻，入世如魚游水是因為毫無質礙之眼。無礙因此能夠無所不知，因為直觀了悟萬事萬物的體相用，因此能直接看到生命的真相。

對於外星文明的負面印象，另一方面，也是因為有些政府機構掩蓋相關證據，將證據扣押了起來，媒體只呈現負面的外星人形象。承認有外星人的存在，對某些現有的政治體制是一種威脅。或許有一些層次較低的外星人具有破壞性，會做一些不尊重人類族群的、值得擔憂；但有很多友好的外星人，他們拒絕暴力，充滿愛與智慧，他們有時也會做一些事阻止壞的外星人對我們傷害。然而政府真正懼怕的反而是仁慈，他們拒絕接受外星人的善意。

目前的世界充滿戰爭、飢荒、不平等、恐懼與仇恨，這反而形成人民對當局的信任，服從現有政府的領導，一旦整個世界和平安定，大批軍人就會放下武器，員警規模縮水，整個經濟體系必須另外尋找可依賴的基礎。對執政者來說，和平意謂威脅。如果人類轉投仁慈的外星政府，那麼統治精英們賴以生存的全球政治結構將完全解體。

因此，在這些權力與控制之下，大眾不明真相，未知的恐懼感為基礎形成的，凡是未知的都是可怕的。

再加上一些假外星人和所謂的外星人專家，強調外星人「要把你抓走」，其實真正邪惡的是這些利用人心的人。如同有太多宗教利用人心，扭曲了原本宗教的意義，但是並

第 1 章／你居然不認識他？超前時代進度的發明神人—尼古拉・特斯拉

非是宗教這一概念的問題；扭曲的外星概念，也在我們社會普遍的人們心中形成了暗示，令我們對這個概念已抱持既有的成見，在集體被催眠下造成的。因此才有宗教等同於騙局、外星人等於邪惡、無形界等於心理創傷所產生的幻想等種種的首因效應。

邪惡面的外星人也似乎有商業價值，我們很多電影都是聚焦於太空的衝突，喜歡上演鬥爭、戰鬥及戰爭諸如此類的戲碼，外星人的電影十之八九都是把外星人演成壞的角色要侵略地球，那是因為我們地球的文明還或多或少處在掠奪自身的匱乏感投射在電影中。正義戰勝惡勢力的正能量大快人心。確實不乏有協助的外星人想要征服侵略地球人類，但在佛經的《長阿含經》當中，南贍部洲（地球）業力福報恐怕是遠遠落後於其他洲的，以地球的物質、技術還是精神層面，我們真的認為外星人非常羨慕我們，值得花時間與心力去征服嗎？好比就佛、菩薩來說，你認為祂們會費盡心思企圖去得到阿羅漢所擁有的果位嗎？

反觀我們，外星科技就真的是地球人目前所需要的嗎？如同我們經過一旁的螞蟻窩，在螞蟻窩旁放一疊鈔票，牠們有興趣或知道它的功用是什麼嗎？如果我們整體意識還未提升，突然有了飛船的發明，恐怕仍有人還是一樣繼續在空中開著飛船計程車在討生活、為

來自未來的超時代神人—尼古拉・特斯拉

了生存而感到匱乏及苦惱，頂多就是這部計程車是飛在空中罷了。因此，外星人協助及教導改變地球人更先進的科技，人類的生活型態卻只會隨著意識狀態的提升，我們的經濟、教育、科學等舊模式必須瓦解變化，才能達到真正的進步。

第 1 章 ╱ 你居然不認識他？超前時代進度的發明神人—尼古拉・特斯拉

接軌新的宇宙文明，一切就等我們準備好了

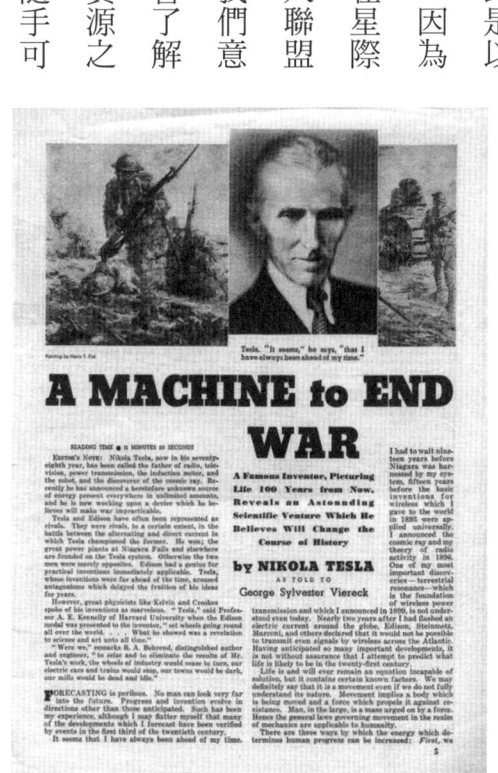

知道特斯拉的外星身分，以及對知道外星人種種後，最後這個身分一點也不重要，更重要的是我們的靈性知識，其實大多數的外星人也都讚同和自己的內我聯繫比外星身分本身要重要得多。我們要拋棄一切時間空間的定義，不再簡單地認為某個人來自某個星球，這跟佛法中所說的名相有異曲同工之妙。

不過，地球經歷的模式是以自己的方式經驗那些事情，因為它需要一定的存在狀態，在星際間變得足夠的成熟才能加入聯盟裡。到了一定的時候，當我們意識到宇宙的廣袤，我們就會了解特斯拉所謂的無窮無盡的資源之靈性意義，到那個時候，隨手可

特斯拉的「結束戰爭的機器」文章來自自由雜誌

來自未來的超時代神人—尼古拉・特斯拉

得的富足是顯而易見的，我們會知道且相信，許多寶貴的資源就在地球，我們藉由我們更高的心靈能力發展心靈科技，將會提煉出更好用的能源形式，豐富的宇宙可以讓我們使用所有的資源，不會感受到任何的匱乏感，只有連結感及豐盛感。許多還在我們內在沉睡的訊息，等我們準備好了就會被喚醒，地球也將開始與星際聯邦、高等文明互動，外星人造訪地球的次數與頻率會增加，我們甚至可以直接看到周遭外星鄰居的身影，這個聯繫將不再只是透過通靈者，而是直接地互動。

090

第1章／你居然不認識他？超前時代進度的發明神人—尼古拉‧特斯拉

特斯拉 78 歲時的青春與力量 來自特斯拉環球文章集

來自未來的超時代神人─尼古拉・特斯拉

1937年7月11日，在紐約客飯店特斯拉的房間裡，特斯拉（左）接受捷克斯洛伐克部長弗拉基米爾・赫班（Vladimir Hurban）頒發的白獅勳章。

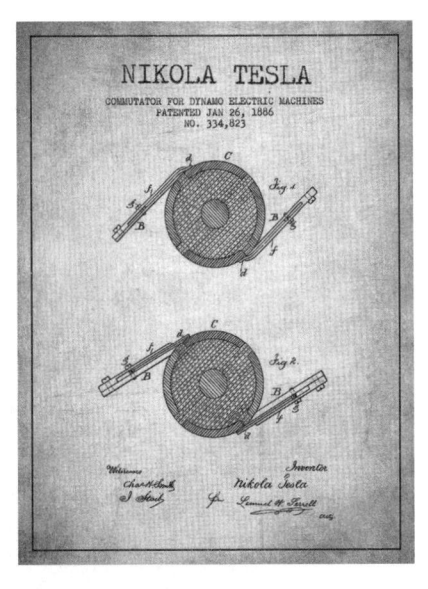

1886年，尼古拉特斯拉發電機電機換向器，專利圖紙。

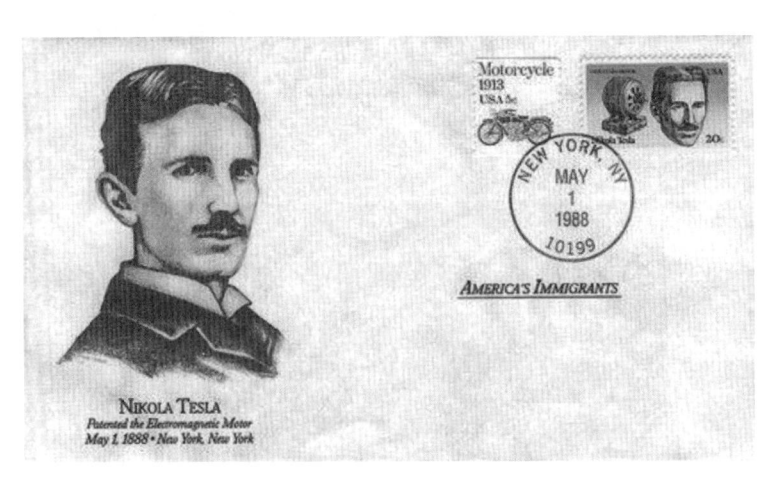

特斯拉紀念名信片

第 1 章／你居然不認識他？超前時代進度的發明神人—尼古拉・特斯拉

塞爾維亞 2013 年 100Dinar 紙鈔，尼古拉・特斯拉肖像。

第二章 受到打壓的特斯拉

來自未來的超時代神人—尼古拉・特斯拉

"I don't care that they stole my idea …
I care that they don't have any of their own."

——Nikola Tesla

「我不在乎別人偷我的想法，我在乎的是他們沒有一點自己的想法。」

——尼古拉・特斯拉

第 2 章 ／ 受到打壓的特斯拉

特斯拉的慈悲：宇宙疼痛

尼古拉・特斯拉有一個很大的特點——他的慈悲。他說，只要有人以特定的方式傷害到身邊的人，他就會有一種同樣被傷害的感覺，他是一個高度發達和完整無缺的機體，能機敏地感知周圍環境的各種幽微的深入狀況。」他具有一種先驗的感覺，因此當他與控制器官有缺陷的另外一些人發生接觸時，先驗的感覺就表現出來，他就會感覺到宇宙疼痛。

特斯拉本來可以成為世界上最富有的人，因為交流發電機是他發明的，而他卻沒有靠交流電賺到錢。特斯拉所研發的交流電系統足以改變世界，隨著時代更迭，從現在所使用的電網多是採用交流電系統就可看出。而當時特斯拉並沒有申請交流電專利，若是他靠交流電賺錢（每馬力 $2.53），他會在很短的時間內躍升成為世界上最富有的人，但是他放棄了，是因為他免費公開了交流電的使用專利，供世人免費使用。他之所以放棄，是因為他有個偉大的理想：「工業不該遭受限制，應該普及於世界。」他的夢想是提供給世界用之不竭的能源。

097

來自未來的超時代神人—尼古拉・特斯拉

雖然特斯拉一生致力不斷研究，並取得約一千項專利發明，但他一生的研究不是為著一己之利。因為他明白，為了自己而傷害他人，其實也就是傷害自己；造福他人才是利益自己。

可惜，與他同時代的企業家利用了這位天才科學家的愛心和才華，騙取了他的研究成果和榮譽，因他的發明而腰纏萬貫。但特斯拉卻是窮困潦倒、長年經濟拮据，於窮困且被遺忘的情況下病逝。

他離世以後，所有關乎他的資料皆被人掩蓋或刪除，致使這無人傳頌他在科學上的貢獻，雖然他是一個具有神奇力量的天才，卻沒有多少人記得他。

他的慈悲致使他成為一個有高境界理想的人，對他而言，金錢的意義是用來造福人類，資金運用在發明中，使天下蒙受其利，而不是享受一己之利。

098

第2章／受到打壓的特斯拉

特斯拉收到外星信號，是不是他從小就準備這麼做了？

1856年7月10日，是尼古拉・特斯拉在地球誕生的日子。特斯拉自述回憶裡說道，他相信他來自金星。當時，一艘太空船降落在地球，那艘太空船的成員說特斯拉是金星的孩子。他是在1856年7月9日至10日午夜在一艘太空船上出生的，之後被託付給一對地球父母，這對夫婦在南斯拉夫維列比特山和亞德里亞海東海岸之間的克羅地亞裡的里卡省（Lika），那裡有一座名叫斯米里昂的小村。特斯拉所住的那間小房屋，緊挨著他父親主管的塞爾維亞東正教教堂。他的父親名為列維連米路丁特斯拉（Rev. Milutin Tesla），在斯雷姆斯基卡爾洛夫奇教區的塞爾維亞東正教教堂當神父，他有時候以「正義之士」的筆名寫作文章。母親杜卡（Djuka）是打蛋器的發明者。家中有五個孩子，特斯拉排行第四，老大叫丹尼爾。

特斯拉一家是塞爾維亞人，他們在克羅埃西亞屬於少數民族和小教派。他們愛好塞爾維亞詩

青少年時期的特斯拉

來自未來的超時代神人—尼古拉・特斯拉

詞、舞蹈和故事，也喜歡手工編織和萬聖節慶祝活動。

特斯拉童年時代，在克羅埃西亞要想找個職業，不外乎種田、從軍或進教堂。在塞爾維亞西部地方，他們幾代人都把男孩送到教堂或軍隊任職，把女兒嫁給文官或武官做妻子。

特斯拉的父親米路丁原先被送到軍官學校學習，但是他不願從軍，後來離開了軍隊，轉入教會工作。他的兩個兒子丹尼爾和尼古拉，也註定要走這條路。至於米爾卡・安格林娜和馬麗卡兩姐妹，米路丁倒希望她們像他自己一樣身為牧師的丈夫。

特斯拉從出生，家裡人就準備讓他將來當牧師。為了培養他，父親給他規定了每天的學習制度，其中規定要做各種各樣的練習，例如互相猜測對方的心思，記憶且複述冗長的句子，或者進行心算。

位於塞爾維亞的尼古拉・特斯拉博物館

100

第 2 章／受到打壓的特斯拉

尼古拉・特斯拉博物館博覽會上的各種照片和檔案。圖／塞爾維亞尼古拉・特斯拉博物館

父親喜歡在閒暇之餘寫點詩歌，於是特斯拉從小就受到一種文雅的環境薰陶，平時講話總是信口背通幾句聖經或者詩歌。特斯拉年輕時也寫過詩，而且後來還把他自己的一部分詩作帶到美國去了。但他從來不發表他的詩歌，長大以後，他喜歡在一些即興的集會上為新交的朋友背誦他們本國的詩歌（用英語、法文、德文或義大利文），使在座的人無不拍案叫絕。

關於母親，特斯拉常說，他的母親身上也有過目不忘的記憶力和創造天才，他記述道：「她是第一流的發明家，而且我相信，如果不是無法接觸到近代生活提供的種種機會，她一定能做出了不起的事情。她發明和製造了各式各樣的工具和裝置，她甚至自己培育種籽，栽種植物，然後自己提取纖維。她夙興夜寐，整天忙個不停，一家人的穿著和各種家庭陳設品和服飾，大部分都出自她的雙手。」

南斯拉夫婦女過著含辛茹苦地生活，她們不但從事艱苦的農活，而且要養育孩子，料

101

來自未來的超時代神人—尼古拉・特斯拉

理家務和照管一家老小。他感到十分惋惜，母親所在的國度和時代，婦女的能力無法充分發揮。外婆家一共有七個子女，她是長女，因此在外婆雙目失明以後就被迫挑起家庭的重任，因此母親沒有進過學校。可是儘管如此，她有驚人的記憶能力，能一字不漏地背誦一部又一部塞爾維亞以及歐洲的古典詩歌。

特斯拉既有天賦的才能，又受惠於家庭教育的精神修煉，也是造就了往後他總能在自省中不會迷失自我，在大多數人的心思專注於外在世界，以及以外部世界作為價值追求的取向時，他永遠不會忘記諦聽自己內心的聲音。

特斯拉在景色秀麗的斯米里昂度過了他的幼年，他的家裡卻洋溢著一派田園牧歌式的氣氛。只是，他害了幾場

尼古拉・特斯拉的各種物品和個人檔案。
圖／塞爾維亞尼古拉・特斯拉博物館

特斯拉在實驗室實驗中使用的儀器。
圖／塞爾維亞尼古拉・特斯拉博物館

102

第2章／受到打壓的特斯拉

特斯拉的母親 Djuka

特斯拉的父親 Rev.MilutinTesla

重病而險些喪命：「我的境況十分危急，連醫師對我也不抱希望了。」特斯拉後來憑著經久不衰的清晰記憶說，他有三次病得連醫師都認為難以治癒了，有好多次差一點被淹死，有一次幾乎掉進熱鍋裡活活燙死，有一次險些被燒死⋯⋯就像成年之後進行高壓電研究時沒有受到嚴重傷害一樣，他總是能平安度過了種種天災人禍。

尼古拉在很小的時候就開始進行發明了。五歲那年，他自己造了一台小水車，當時特斯拉一家遷到了附近的戈斯匹契市。他在那裡第一次看到了一批機械模型，其中包括水輪機。他把其中許多種機器都仿造出來了，而且興高采烈地把這些機械開動起來。他讀到一篇描寫尼亞加拉瀑布的報導，被深深吸引住。在他的腦海裡，誕生了一台被奔騰直下的水

來自未來的超時代神人—尼古拉・特斯拉

他十歲進入中學，這家中學是新成立的，教學設施完善，設有一個裝備良好的物理系，老師經常示範實驗令特斯拉深受吸引。他在中學裡充分顯示出光輝的數學才華。他有相當出色的快速計算能力，每當老師在黑板上抄習題時，等老師寫完，他也悄悄地把問題答完了。開始老師懷疑他作弊，但之後也明白了，他具有進行想像和保持影像的非凡才能，但是數學老師卻無法給他好成績，因為他對規定的徒手繪圖課程格外反感。

特斯拉的語文成績優異。他學英語、法語、德語和義大利語，也學斯拉夫方言。當時他興起一個念頭，那就是利用持續不斷的空氣壓力和真空來造成連續運動，他把全部心血都傾注到這些發明上了。中學第二年，他利用穩定的氣壓製造永續不停的運動，讓他對真空的無窮威力印象深刻。這時的特斯拉已有了開發利用取之不竭能力的夢想，當時還有一個夢想是要打造飛行器。

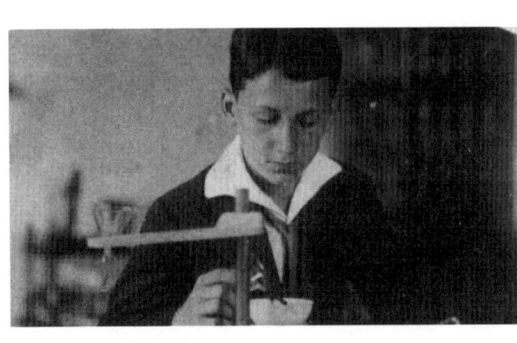

青少年時期的特斯拉

第2章／受到打壓的特斯拉

在特斯拉小的時候發生的一件家庭悲劇，令特斯拉心中留下了難忘的創傷。丹尼爾年長特斯拉七歲，才華橫溢，是父母親的掌上明珠，但不幸到十二歲那年，在一次事故中夭折了。

這個慘禍的直接原因是由一匹阿拉伯駿馬引起的。這匹駿馬是特斯拉一家人的好友贈送的，全家人都疼愛它。而且這匹馬具有靈性，曾經在狼群出沒的深山裡拯救過父親的生命。可是從特斯拉的自傳來看，丹尼爾是被馬踢死的。

「我有一個哥哥有非凡天賦的人，他的早死讓我的父母鬱鬱寡歡。」

聰明過人的丹尼爾在他過早夭折之前，視覺也經常受到強烈閃光的刺激的干擾。特斯拉從童年開始，在一生中的大部分時間裡，也受到類似現象的折磨。這種情況一直延續到十七歲，以後他便把思想全部貫注到發明上去了。那時他發現，他有想像東西的本領：不要模型，不要繪圖，也不要實驗，就可以在心中將所有這些東西看得一清二楚，和真的一模一樣。因此他不必實際操作，只要用眼睛一瞄，就能記下一頁紙上無數圖形的全部精確關係和尺寸等所有內容。後來特斯拉製造的機器幾乎沒有不成功的。這些機器只要在他頭腦中形成，後來又變成了金屬實體，那麼一經運轉起來，一般都正好符合他原先的

105

來自未來的超時代神人—尼古拉‧特斯拉

意圖。只是每當他面臨危險或不幸的境地，或者當他興高采烈的時刻，眼前經常會出現莫名其妙的閃光，這是他無法加以控制的。

他後來敘述說，「往往在遇到強烈閃光時，在我眼前便出現各種影像，使我看不清真正的物體，這些影像都是我實際看到過的事物和場合的景像，而不是我的臆想。如果有人對我說出一個詞，那麼這個詞所示意的物體的影像，便在我眼前生動地浮現出來。」

他還具有照相一般過目不忘的記憶力，這是使他感到與其他工程技術人員難以配合的一個原因。工程技術人員都要求有藍圖，而特斯拉完全憑他的腦袋。

他還談到許多富於創造能力的人都熟習的另一個奇怪現象，那就是經常遇到這樣的時刻，雖然心思不集中，還未經過縝密的推理，心中卻已經明白了一個確定的答案，這個答案還沒有具體化。這大概也就是特斯拉後來所提及的，能夠直接讀取宇宙中心的資訊。

在學校物理學教授的啟發下對電發生了濃厚興趣，他看到的每次試驗，都在他頭腦中引起一於次迴響，他渴望從事試驗研究工作。

後來他回到家鄉，正趕上一場霍亂猖獗流行，立刻就受感染。他在病床上躺了九個月，幾乎不能動彈。當時父親坐在床邊照顧他，而等特斯拉稍微恢復力氣的時候，他提出

第 2 章／受到打壓的特斯拉

希望能學工程技術。特斯拉的父親原本有堅毅的決心讓他進教會，此時也軟化了，答應讓他完成這個夢想。

從歐洲到美國，投靠愛迪生

愛迪生是當時的發明大王，也是愛迪生電燈泡公司的老板，是位著名的商人，愛迪生公司主要是販賣電，即產生直流電的電流。所謂直流電就是方向不發生變化的電流，我們現在用的乾電池所使用的就是直流電。產生直流電的方式也非常簡單，只要讓一個導體在磁場中運動。比如說我們讓一個導體圓盤，在磁場之中旋轉，中心接出一極，邊緣接觸另外一極，只要這個磁場旋轉的速度合適，就可以讓這個燈泡亮，那麼這種電流就稱之為直流電。

特斯拉在早年的時候就發現直流電有個很大的缺陷，若要想克服這個缺陷，必須使用方向發生變化的交流電，電流的方向會反覆地改變。現在我們使用的電能其實就是交流電。特斯拉的想法是在一個磁鐵中間放置一個線圈，當這個線圈繞著這個軸轉動，在轉動的過程中線圈上就會產生交流電，但是他的這個想法最開始並沒有實現，於是特斯拉就漂洋過海到美國希望實現自己交流發電機的夢想。

一開始有位雇主看準了特斯拉的天賦，雇用了他，而特斯拉也不負他的期望，發明了

108

第2章 受到打壓的特斯拉

世界上第一台感應電機模型。這位雇主簡直驚為天人，沒想到眼前這位長得弱不禁風的斯文青年竟然是個天才。

1882年，在愛迪生創建的公司中，有幾名工程師，在斯特拉堡火車站的發電站建造項目中出了失誤，狀況十分棘手，致使項目無法如期完成，令愛迪生十分苦惱。特斯拉目前的這位雇主，派他去修復這部故障的直流電裝置，而特斯拉很快就成功地幫他們順利解決了難題。特斯拉修好機器的時候，愛迪生默默看著他，然後一語不發地離去，不過，在他走遠後，卻對身邊的人說：「那個傢伙非常厲害。」

1886年，特斯拉的雇主寫了封推薦信給愛迪生，介紹他去紐約的愛迪生公司工作，信中說道：「我知道有兩個偉大的人，一個是你，另一個就是這個年輕人。」

特斯拉於是在愛迪生公司從改良電器開始，結果他不但每次都能改良成功，還做得比愛迪生的每一個團隊都來得傑出，更驚人的是，他沒有團隊，只是一個人完成的，這讓愛迪生倍感驚訝。於是愛迪生說對特斯拉說，如果幫他改良直流電發動機，成功的話付給他5萬美元（相當於現在的100萬美元）。於是特斯拉經過數月的努力，成功完成了交付的任務，1884年春天，發電站投入使用，可是談到特斯拉的報酬問題時，愛迪生卻拒絕

來自未來的超時代神人—尼古拉·特斯拉

支付這筆獎金，並表示當時他只是開玩笑的。愛迪生只給了特斯拉一個否定的嘲諷：「特斯拉先生，我想您並不懂得美國式的幽默。」特斯拉又說：「好吧，那希望你能將薪水從18美元調漲到25美元。」愛迪生卻說：「喔！這倒是蠻幽默的。」得不到合理待遇的特斯拉因此憤而離職。

1879年末，是愛迪生最風光輝煌的年代，燈泡實驗成功的消息一下子漫天蓋地席捲紐約，愛迪生受到各家媒體追捧，當年尚處草創初期的 J.P. 摩根公司（美國歷史上最有聲望的金融服務機構）也上門來相談合作。「愛迪生」不只是一個名字，而是成為了一個品牌，他的名號頻繁出現在報紙刊頭，與他有關的流言，在各種上流社會交際場合中遊走。

只不過愛迪生的2000多項發明中，大多數發明都是他旗下的團隊所發明的，他只是負責提供資金和實驗室，所獲成果全部記錄在其名下而已。愛迪生提供資金與實驗室，然後將那些研究成果據為己有。例如發明專利，一位工程師做出來的，愛迪生的團隊在改良後將專利給劃為己有，專利的所有人是愛迪生，研發改良方法辦法的也是他的團隊，而不是他一個人。與其說他是一位科學家，更不如稱他為一名企業家。

110

第 2 章 / 受到打壓的特斯拉

愛迪生也並非發明者之一，而是各種壓迫勢力迫使發明家妥協，讓發明家的專利收到自己的口袋。而幾乎每一個致力於將自己的發明貢獻給人類的自由能源發明者，都提到自己所受到的威脅。有許多發明家屈服了，他們收起自己的研究只求自己的家人和朋友能夠安全。有些發明家接受了重金收買而變得富有，但他的發明從此不見天日。甚至有些發明家抵死不從，賠上了性命。更嚴重的是，當發明家將發明送到專利局去申請專利的時候，就已經落入了陷阱之中，成為了被鎖定的目標。

特斯拉離職之後，遇到生命中的伯樂：「西屋電氣」創辦人喬治威斯汀豪斯（George Westinghouse）而受其重用，特斯拉在經過西屋電氣公司的幫助之下，發明了交流電了。交流電的貢獻卻很大。由於當時工廠發電都是直流電，而直流電卻很容易在電線運送電力的過程中散掉，而且效率也差。交流電顯然比直流電來得有用，交流電好比是沒有壓縮機氣的垃圾車，有壓縮的會來得實用。

西屋電氣公司的交流配電盤，用於為遊樂場供電。

來自未來的超時代神人─尼古拉・特斯拉

1890年，特斯拉也經將自己的研究重點轉移到了高頻率機器的設計。在整個十九世紀，特斯拉除了研究和推廣交流電技術之外，同時也對高頻電流進行試驗。當詹姆斯・克拉克・馬克士威（James Clerk Maxwell，1831-1879）在1873年證明了光是一種電磁波，也就是從某種程度上講，光是電流以極高的頻率振動後的產物，特斯拉為了探索這片未知的領域，發明了一種獨特的裝置，也就是現在我們所熟知的特斯拉線圈，它是一種可以將電流提升至高壓及高頻率的設備，通過使用高頻率進行的一系列實驗。特斯拉很快就開發出了霓虹燈和熒光燈，而且他也是第一個照X光片的人。

但這一系列的發現都在接下來的一項實驗中變得黯然失色了。在一次實驗中，特斯拉無意間發現手裡的一根電子管竟然可以在沒有通過任何線路連接的情況下，在自己的手中發光，特斯拉在日記中寫道：「對於我來說那是證實可以在空氣中傳遞能量的第一個證明。」

這也是特斯拉踐行一生偉大理想的開端，1892年，特斯拉受邀前往倫敦和巴黎發表他的高頻率研究成果，當時的出席者都是當代最重要的科學泰斗，他在科學家和工程師們展示了魔法般的光電效應。

112

第 2 章 ／ 受到打壓的特斯拉

他身穿晚禮服，腳踩軟木底鞋，頭戴大禮帽，特斯拉把手放在帶電的端子，讓電傳到他身上，發出大量的電火花，這是特斯拉最著名的即席表演，讓幾千伏特電流通過他的身體，直至火焰吞沒他全身。事實也證明，人們是可以安全地使用交流電。他說，「我讓電流通過全身的主意，只為了扭轉大家長期以來對交流電的錯誤看法。關於交流電的『伏特』存在著一些胡謅的理論，現在你看到伏特和電流能量毫無關係」。過去我們可能曾觀看過一些特技人如何表演觸摸一些可見到的高壓電流，讓電流流經身體上所有的光管或燈泡使其發亮。事實上，他們就是複製了「特斯拉線圈」，而藉此產生了「高頻高壓電流」來表演的。

這樣的展示令所有人都瞠目結舌，特斯拉還宣布了一項非凡的新構想。特斯拉在日記中寫道：「我認為訊息和力的傳遞可以是無線的構想是可行的。」

1888 年德國物理學家海因里希·赫茲（德語：Heinrich Hertz，1857-1894）證明

特斯拉在科學泰斗前展示光電效應，被現場的科學家及工程師們譽為「來自未來的人」。

來自未來的超時代神人—尼古拉・特斯拉

了高頻率電流，能夠向空氣中發出電磁波或稱無線電波的原理。當時赫茲的發現已經向世界證明了在某地製造的電波信號，是可以在沒有任何傳導線連接的情況下傳播至另一個地點的想法，但是想要真正創造一種實用的無線交流工具，仍然是需要像特斯拉這樣擁有無限想像力和強大的技術突破能力的工程師或者發明家才能夠實現。

不過特斯拉策劃的「匹茲堡交流電網」成立後，愛迪生和一些在直流電上獲利頗豐的人頓時失去了極大的利益。愛迪生為了繼續發展他的直流電市場，在利益的驅動下，愛迪生大力抨擊特斯拉，並將其冠以「科學異端」之名，一場科學迫害應運而起。愛迪生盡一切心力開始抹黑，不遺餘力地打壓特斯拉，廣在媒體訛稱「交流電並非安全用電方式」，讓社會大眾對交流電產生可怕的印象，因而引發美國企業發展史上最獨特的一場恩怨——電流大戰。首場戰役在華爾街爆發，並接連在死刑室、芝加哥世界博覽會、尼加拉瓜瀑布與媒體輿論上，打了多場你死我活的生存戰。

未來從何而來：1893 年芝加哥世界博覽會

第2章／受到打壓的特斯拉

愛迪生故意造謠說交流電會電死人，甚至還在公開演講時將貓狗電死，引起眾人對於特斯拉的反感，後來愛迪生還設計了一套交流電電椅，並且托關係叫美國紐約州政府的處刑人員用這東西處死犯人，受刑人的情形實在是生不如死，目睹者皆表示：「這是個危險的場面，遠遠比起絞死可怕。」

1895年，特斯拉的實驗室還無故遭人縱火，令實驗項目付之一炬。

愛迪生向媒體證明交流電是邪惡的，然而之後交流電造就多少工業技術，真的是危險及邪惡的嗎？時至今日我們依然使用交流電系統，日常用品、冷氣等也是交流電。

事實證明特斯拉是對的，1893年，「尼加拉瓜瀑布電力公司」（The Niagara Falls Power Company）決定採用特斯拉領軍的「西屋公司」交流電系統，更成功讓水力發電廠建造完成順利運作，是全球首座大型水

尼亞加拉瀑布發電廠1897年的這一天，特斯拉在布法羅新埃利科特俱樂部舉行的慶祝從尼亞加拉大瀑布到紐約布法羅的電力服務的就職典禮上發表了演講。

來自未來的超時代神人—尼古拉·特斯拉

尼亞加拉瀑布發電廠的內部。

1899年，特斯拉在他偏遠的科羅拉多泉實驗室（Colorado Springs laboratory）看書，旁邊是一個能產生數百萬伏特電能的放大發射器。

在紐約實驗室裡展示「絕技」的特斯拉

力發電廠。1896年，舉世知名的「尼加拉瓜」水電站，第一座達十萬匹馬力的發電站於此建成，兩年後更成為遠及三十五公里外的美國紐約州水牛城（The City of Buffalo）的主要供電來源。其後十多座大大小小的發電站相繼建成，致使水電站每日所生產的電力，足以供應美國紐約州和加拿大安大略省總需求的四分之一，其電力輸出量實是驚人。而這項足足超過一百年以上的電力建設至今仍然運作如常，從未間斷地生產出無窮無盡的天然能源，這實是人類近百年科學上的一大標記。未久，原採用愛迪生直流電主張的奇異公司宣布進入交流電市場。

116

第2章／受到打壓的特斯拉

此外，特斯拉的研究亦往往受到資金限制，未能繼續下去，相當可惜。1900年，特斯拉想建立一個跨大西洋的無線通信系統，最終選址在沃登克里弗，性能將優於古列爾莫·馬可尼（Guglielmo Marconi，1874-1937）展示的以短距離無線電波為主的無線電報系統。義大利人古列爾莫·馬可尼在英國研究無線電報，並且他的設備在1896年被授予專利，也因此獲得了1909年的諾貝爾獎。他的系統與特斯拉建成的有很大不同，只用了兩個通路，但無法遠距離傳送。而特斯拉的發明使用了多個通路，從而使系統更加

特斯拉的銅像矗立在「尼加拉瓜瀑布」旁的公園中，以表揚他在「尼加拉瓜」水電站上的貢獻。

尼加拉瓜設有特斯拉紀念碑。

117

來自未來的超時代神人─尼古拉・特斯拉

1891年，特斯拉無線裝置。

強大。直至今日，很多人認為是古列爾莫・馬可尼發明了無線電。

特斯拉說服銀行家 J・P・摩根投資15萬美元造一個無線電站，但是 J・P・摩根看中的是商機，不是科學發展及造福人類。特斯拉一直想造福人類，並具有免費能源的構思。由 J・P・摩根資助興建的「Tesla Tower」，是一座高187英尺的鐵塔，同時它紮到地下達120英尺，是座無線電發射器。特斯拉早就設想過在世界各個不同的節點建立像沃登克里弗塔這樣的接收站，這樣就可以一個站一個站地傳輸無線電，他甚至還設想過在不同的星球之間傳輸無線電，但是特斯拉傳輸無線電的夢想在1904年破滅了，因為他的資助者 J・P・摩根發現了他的真實目的，就是讓世界上每個人免費使用無線電，摩根拒絕此一提議。

由於沒有資金支持，1908年位於沃登克里弗的該項目被擱置，1917年這座

第 2 章 / 受到打壓的特斯拉

特斯拉在紐約的實驗室裡

特斯拉在紐約的實驗室裡

塔也被拆了，沒有公司和機構願意免費提供科技，實驗胎死腹中，特斯拉陷入財困負債累累，成為當時媒體嘲弄的對象。

特斯拉當時沃登克里弗塔主要做的實驗是無線供電。英特爾公司（Intel）在2008年IDF上就曾展示過這項技術，但他們的技術所達到的水準，是與特斯拉當年的成就無法相比的。

特斯拉取得了令人驚歎的成績，這成就連現在的科學家都沒辦法掌握多少。劍橋、麻省理工學院造就了很多世界偉人，麻省理工學院的研究院站在各項發明的前沿，其中就包

來自未來的超時代神人—尼古拉‧特斯拉

特斯拉的沃登克里弗塔
（Wardenclyffe Tower）

沃登克里弗塔，特斯拉的雨瀑布電力控制。摘自 Branimir Jovanovic 博士的《特斯拉》。

沃登克里弗塔（Wardenclyffe Tower）內部

括無線電傳輸，多年以來這些科學家們都無法做到高效的無線電傳輸。2007年，麻省理工的研究員將無線電在室內傳輸了七英尺，象徵可切斷電源線的第一步，難以置信的

第 2 章 / 受到打壓的特斯拉

是早在一百年前就有人能夠使用無線電操控各種電力設備,這個人就是尼古拉・特斯拉。

這是一項突破性能改變世界的成就,只是因為失去了資助,留給世界無限的遺憾。

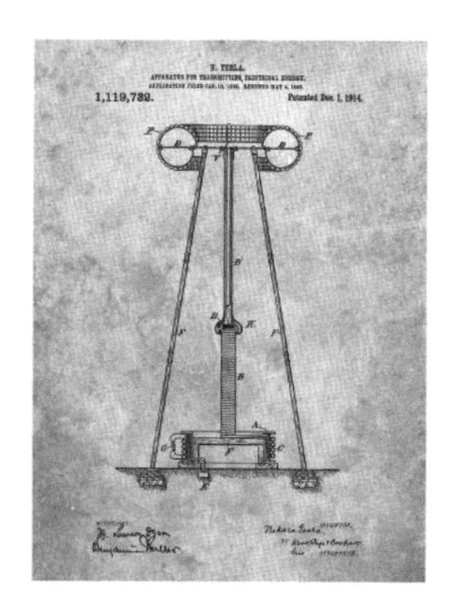

特斯拉能量傳送器專利

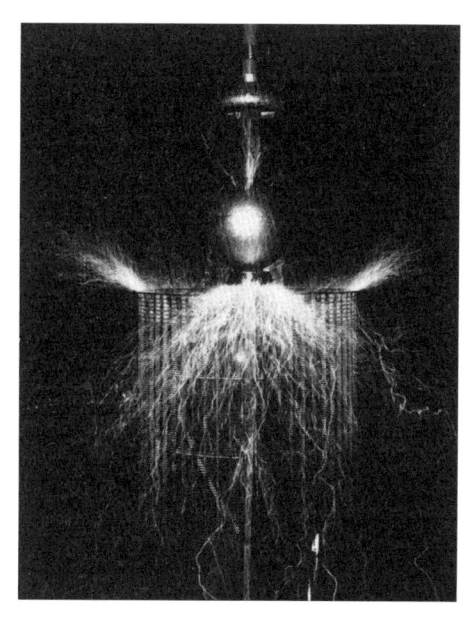

特斯拉實驗說明振盪器產生巨大電運動的能力。

特斯拉是了不起的想像家

為什麼當時特斯拉能讓無線電傳輸幾英里，而如今的科學家卻只能傳輸七英尺呢？

特斯拉指他許多發明都在腦海裡全部構想出來的，他還說自己經常會靈光一現，就會有無限的創造力，發明物會以全息投影的形式呈現在他眼前。他還能翻轉這種虛擬幻象，將它們逐一拆解，他知道如何利用這種影像創造出發明物，旋轉磁場即是他最偉大的發明之一，那也是靈光乍現的結果。

一些研究特斯拉的人認為他是一個特殊的人類接收器，如果特斯拉是改進人類狀況的外星人來改變這個世界的話，答案應該就隱藏在特斯拉的這個偉大發明背後。一些古代航太理論學家認為特斯拉這種神奇能力和玄妙視覺，在某處以某種方式建立起交流，聖經裡的先知也是用同樣的方式感受預言的。

特斯拉不必做個實驗物出來才能對其有概念，我們可以在物質世界裡做個實物出來，只是特斯拉也在腦袋裡這麼做，在腦袋裡觀看這個形狀，並能以三維的方式旋轉它，從不同的角度觀看它，我們也能夠這樣來做想像，想像該形狀以打開內在的眼睛實現與其他層次

122

第 2 章／受到打壓的特斯拉

特斯拉說：「如果思想是相當於勞動的話，我幾乎把所有的精力都投入到了思想上。但是，如果工作被解釋為一個規定的時間且按照一個嚴格的規則，那麼我可能是最壞的懶漢。強迫下的每一次努力都需要犧牲生命的能量，我們因此變得愈來愈系統化和設計化。那些早期的衝動，雖然不能立即產生效果，但是卻會在最重要的時刻影響我們的命運。我的青少年時期以及確定我的職業生涯，首先是純粹本能地激發想像力，生動而又無紀律。」

在當時，特斯拉曾被人嘲諷是空想家，對於他特有的特質，令人們迷惑難解，故以臆測及這社會的價值理念的解釋視之，在我們今日也有類似的信念，如：「愛做白日夢其實是一個態度的問題——假如你努力一點的話⋯」，或是「行動才有用，從現在就開始改變！」

TESLA IN HIS WORKSHOP.

1904 年的報紙採訪特斯拉——一個在睡覺的時候大腦工作的人

123

來自未來的超時代神人—尼古拉・特斯拉

等等深入人心的說法。在聽了許多也吸收了這些說法後，我們開始相信他們所說的。這些「至理名言」雖然與真相不全然一致。但是在某些方面，我們採納了這些觀念，我們開始覺得有些特質是我們自己的錯，如果我們夠努力的話，就可以達到他們所謂的正常標準。

第 2 章／受到打壓的特斯拉

想像與行動並不全然是二分的

在我們的社會裡經常強調身體力行、行動的重要性，尤其是「有志者事竟成」、「坐而言不如起而行」的至理名言存在我們的生活當中，影響是根深蒂固的。強調努力的心態固然沒錯，但這也是聚焦於我們時間空間的感知及操作能力，強化線性的思維，而成為一種提升更高能力的障礙。

我們總是認為用頭腦想像或思考與行動是二分的，事實上這是落入分別心的陷阱。只停留在「思考」與「行動」之語詞的表面，自動會想成「思考」與「行動」是截然二分而分屬截然不同的領域，認為「行動」對實際生活有用，看不到一連串實質的行為的就是頭腦的「思考」，而「思考」是無用的，唯有「行動」才有前進才能夠有實質成就。

事實上，思考與行動最多僅為語詞表面的二分，文字是假名施設，所以本身就是二元對立的，而二元對立並不是宇宙的真相，對立性的效果是欠缺對實相感知的結果，既然我們必須在如我們感知的系統裡運作，那麼對立性將會顯得是存在的必要條件。因此，二分法是為了某些理由而被孤立出來的，但是一切創造的源頭其實是念頭。

來自未來的超時代神人—尼古拉・特斯拉

「行動」若是被當成切割開來的行為，也容易變成像是有些修行者認為「有行動才算是有在修行」，例如每天做些實質的行為如吃素、遇到困難花時間覺察內在不如馬上正面思考才有修行。去切割它們，如同肯定正面情緒而否認負面情緒，逃避非實質的行為，就是否定我們經驗的整全性，但這卻是在忽略我們沒有整理好及覺察的內在思維，它們卻是非常有用的。

我們每一個信念、思想都顯化在我們的生活中。一個人個性、思想信念就是一種行動，因此在心上努力，才是真正的努力。否則為什麼我們這麼辛苦打拼，卻常常達不到想要的目標？除了我們沒有覺察那些有用的內在思維是如何運作的，還有我們想像力的不足。

大多數人相信，如果要完成心中的理想，一定是困難重重，所以我們使用物質心智及執著、痛苦的信念去創造了非常困難的道路來走，而不是用簡單而深厚對生命豐盛的信心。在當下體會宇宙的圓滿完整，並不意味著我們就不會成長與改變了，如果我們在最高振動狀態，那任何仍然與我們相關的事物就不會離去。

練習想像力，也是解決問題的關鍵，思想是振動頻率創造對應的事物，例如害怕自己

126

第 2 章／受到打壓的特斯拉

成為無價值的人,所以努力地去行動讓自己變得有用,但愈是努力愈是強化自己本身是無用的信念,也可以發揮我們的想像力,讓你原本認為無用的興趣變成有價值的事物。又如我們覺得時間不夠用,辛苦努力地擠壓時間做完該做的事情,也可以靠我們的想像力使一天的時間變長,只是我們不知道原來「可以這樣想」,我們只相信「客觀的報導」。物質心智的推演讓我們不能相信、不敢去想那些自己認為不可能的事。頻率的提升關鍵也在於我們的想像力,那麼,想像中的你,會如何想像自己及這個宇宙呢?

生命的真相就在於盡可能成為完整的自己

特斯拉曾說：「讓你自己被你的夢想所鼓舞。當我們對自己的夢想有如此大的信心時，我們仍然會不顧一切地追求自己的夢想。這才是我們真正的偉大。追求實現夢想的感覺使生活變得美麗。」特斯拉的精神，也教導我們應該追求屬於自己的夢想。他在大多數人的心思專注於外在世界時，永遠不會忘記諦聽自己內心的聲音。

這個世界是被宇宙活生生的能量，所顯現出來的行動，行動是宇宙活力想要展現的欲望與衝力。你開始順著靈魂內在的聲音而行動，當你做自己、實現自我價值的時候，靈魂會在動與靜當中取得一個偉大的平衡。宇宙順應著靈魂內在的聲音，運用每個當下，每到關鍵時刻，無論什麼形式，某種神奇的解決之道就會出現。這並非否定努力及逃避問題，重點在於我們的身體跟人生處境，不是我們所以為的只是一具肉體或是心智頭腦在推動的，是有一股更大的力量，而這股力量在宇宙的豐盛中推著我們向前走，從來都不是被這個世界的人為制度、標準形式所框架住的。

宇宙並不受限於各種人為判定的規則與框架，這些框架使我們忘記了我們的本來面

第 2 章／受到打壓的特斯拉

目，忘記了你是愛、豐盛的存在，也忘記了你自己本身就是無限可能的創造者，喪失為自己生命創造的契機。我們必須脫離文化獨裁，進入一個無主之地，學會不再生活在被心智框架的心態下，追逐於外在的組織觀感、社會的提拔及社會標籤，達到組織團體教條戒律約束的門檻，學習做真正的自己，而沒有害怕或猶疑。

傾聽內心的聲音，對結果沒有執著，當我們知道愈多的宇宙真相時，了解我們值得擁有豐盛的一切，就會看破這一切的苦難最終都是不必要的，我們就不再為這一切的幻象所苦，開始邁向喜悅豐盛，跟隨你的熱情找回你的天賦，也憶起更多你早已即是的事情。

特斯拉做最真實的自己，那麼，你現在的自己，真的是你生命中最想當的自己嗎？你現在所過的生活，真的是你想過的生活嗎？

不同流合汙，也不反擊回去，特斯拉明白傷害他人等於傷害自己

有些人好奇特斯拉既然有超凡能力，為什麼還會輸給商人愛迪生呢？特斯拉對於種種的商業模式不熟悉，從來不反擊，難道是特斯拉不擅長應付這些人嗎？還是他對地球被利益集團打壓的過程，只熟悉科學領域？

反過來想，在世間佔了上風，贏得了財富及權勢，就是真正的勝利嗎？在靈性進化層級上，打壓他人的其實才是輸家。若和他們廝殺個你死我活，這只說明受到這世界的振動和其他人的振動影響，無法保持自身的清醒，最後也只爭來和他們同樣在乎的東西。特斯拉不靠專利致富，是因為他想將資源免費公開給世界，否則特斯拉要擁有商業手段靠他的發明致富，對他來說也並非難事，只是他的焦點不在這上面而已。

特斯拉曾經說：「我看到一個朋友受傷了，這也傷害了我，因為我和朋友是一體的。我看到一個敵人被擊倒，它仍然使我悲傷。這難道不能證明我們每個人都只是整體的一部分嗎？多年來，這一理念一直在完美而明智的宗教教義中被宣揚，也許不僅僅是作為確保人類和平與和諧的一種手段，而是作為一種根深蒂固的真理。佛教徒用一種方式表達，基

第 2 章 ／ 受到打壓的特斯拉

督徒用另一種方式表達，但兩者都說的是一樣的：我們都是一體的。」

特斯拉說，只要有人以特定的方式傷害到身邊的人，他就會有一種同樣被傷害的感覺，他稱之為「宇宙疼痛」。他說道：「一個非常靈敏和體察入微的人，是一個高度發達和完整無缺的機體，能機敏地感知周圍環境的各種幽微的深入狀況。」他具有一種先驗的感覺，因此當他與控制器官有缺陷的另外一些人發生接觸時，先驗的感覺就表現出來，他就會感覺到宇宙疼痛。

由於我們對生存的恐懼，讓我們想要從他人身上征服、奪取，就好比能讓我們生存下去的食物只有少部分人吃得到，人人只能靠發展出生存競爭的手段而活下去；當我們相信食物是豐盛的，任何一個人手上有了食物，隨時都能分享給所有人一起來吃。只有我們感受到自己缺乏，必須要從外在競爭取得才能擁有的時候，我們才要去搶奪；同樣道理，也只有我們認為自己內在沒有力量時，才會企圖以手段從他人身上搶得。

特斯拉從金星來到這裡，地球上很多人還沒有為特斯拉為我們創造的一切做好準備。各種天災使得地球成為一顆動盪不安的星球，核子試驗和其他許多對科技的錯誤使用。我們普遍認為地球上的能源是有限的、人類遲早會有一天面臨地球能源枯竭的問題，為了

來自未來的超時代神人—尼古拉・特斯拉

使人類繼續傳承延續下去，我們必須奪取與競爭，在核武戰爭和自然災害的大規模摧毀之下，倖存的強者絕對都會毫不猶豫地去征服弱者。特斯拉的經歷中，也讓我們看到了世間很小一部分的人掌握了絕大多數的資源、土地、工廠以及全世界的金錢。犧牲大多數人的利益讓少數人佔盡好處。人類陷入對資源匱乏的恐懼，陷入衝突和混亂，讓人類去做沒有意義的辛苦的事情，當權者也因此好用來控制人民，並且不能讓人們知道，資源其實不匱乏，資源豐盛的秘要是被人類知道了，就會失去對他們的控制，權力使人類覺得自己會很有力量。恐懼能源的缺乏，一直成為資本主義市場的遊戲把柄，而人類在不相信自己的情態下，造成對於資本市場的依賴性，不管是靈性提升、科技發展及能源開發等。使用者尚未具備適當的使用知識時，若貿然使用不對稱的知識，會引發誤用。近百年來，我們經歷了兩次世界大戰，造成幾百萬人的死亡，受傷者還不計算在內。假如生命、財產、權力及領土競爭的惡性循環無法遏止，我們將遭遇更嚴重的危機，這互相鬥爭的最終結果會是如何？究竟是誰得利呢？一次的世界戰爭，氫彈及其他致命武器的使用，有消滅整個人類的危險，最終傷害到的還是自己，對治的辦法就是從我相的貝殼裡解救出來。特斯拉的自由能源概念其實是宇宙真實的相貌，如果我們有無限的自由能量，我們會比想像的更自

132

第2章／受到打壓的特斯拉

在特斯拉接觸金星人當中，金星太空梭有兩個人來引導它，而且似乎沒有任何機制，因為它們都是通過思想投射來完成機動的。這些金星人對地球人說：「我們驚訝和悲傷地發現，你們的生命中有多少人致力於發明和使用破壞性的機器，你們用這些機器互相殘殺。你花了大量的錢假裝給地球帶來和平，然而，你們應該知道，獲得和平的唯一途徑是通過愛獲得自由。為什麼要浪費你們的錢？」

在真實的星際文明，沒有任何資源是稀缺的，宇宙資源都為每一個靈魂所共享。高級的文明沒有貨幣制度，也從來都不需要為生存去奔波勞累。人類意識焦點總是放在這星球陳舊商業生活的事務上，這些都是即將從人類意識中迅速消失的幻象，因為在這個地球，所有人的潛意識都開始打從心裡厭倦商業化的交易手段。

特斯拉的自述裡說：「我們面臨著巨大的問題，僅僅通過提供我們的物質存在，無論多麼豐

特斯拉的健康狀況在他最後幾年下降了，他在紐約的一家旅舘裡度過餘生。

133

來自未來的超時代神人—尼古拉・特斯拉

特斯拉在 1943 年去世前

富,都無法解決。反之,如果我們要釋放原子能或在地球上的任何地方發現廉價和無限權力的其他方式,那麼,這一成就而不是福氣,可能會給人類帶來災難,引起紛爭和無政府狀態,最終將導致仇恨的武力政權登基。最大的好處將來自於趨向於統一與和諧的技術進步,而我的無線發射機正是這樣。」

134

第 2 章 / 受到打壓的特斯拉

真正的強者，不會將力量強加在別人身上，來相信自己有力量

或許就如特斯拉所說：「只要我願意，我可以輕而易舉地將地球劈成兩半，但是我不會這麼做。」這句話除了說明特斯拉超乎凡人的強大能力之外，也說明了他的慈悲，還有真正強大的定義及觀念。

一個小故事，一艘宇宙飛船訪問過很多星球，有一次，他們到達一個星球，這星球上的人，從沒見過他們。這些人問他們：「跟我們說說你們的飛船吧！它有多強大呢？」飛船的船長說：「它是非常強大的，能夠在眨眼間就毀掉你們整個星球。」他們繼續說道：「哇！那真是太厲害了！」但船長回答：「我們很強大，倒不是因為有這個能力，真正使我們強大的，是我們有這個能力，卻從不會用它來做這樣破壞的事，這才是我們真正強大的地方。」

真正有力量的東西，人們都會從他身上感受到力量的，那又何必需要把很用力地將自己的力量強加在其他人事物上

特斯拉紀念銅像

135

來自未來的超時代神人——尼古拉·特斯拉

呢?如果某人試圖把某種觀念強加在其他人身上,那他們其實是表明了他們不相信自己所相信理念的力量,於是通過強加在別人身上,讓自己相信這理念是有力量的。

特斯拉不會強加力量在他人身上,只強調真正強大的能量在所有每個人身上,是因為他心無罣礙,而心無罣礙的原因是因為他領悟了生命的豐盛真相。由於完全沒有恐懼,因此內在真正平靜。他不需要贏得外在的力量,他知道唯有造福於人類,人類集體受益,才是展現萬物真正的強大。

報紙文章來自《評論》(尼亞加拉瀑布,加拿大報紙)。文章中的照片為著名的特斯拉紀念碑。雕塑家萊斯·德萊斯代爾指導特斯拉紀念碑的安放。

136

第三章 特斯拉的免費能源及資源共享觀

來自未來的超時代神人—尼古拉・特斯拉

"Industry should not be restricted. It should be popularized in the world."

——Nikola Tesla

「工業不該遭受限制，應該普及於世界。」

——尼古拉・特斯拉

第3章／特斯拉的免費能源及資源共享觀

沒有人需要再付帳單

炎炎的夏日時，最令人享受的，莫過於在家裡吹著清涼冷氣、吃著從電冰箱內取出的冰品飲料，炎熱和煩惱頓時全都一掃而空；只是，當接到電力公司寄來的電費通知書時，你是否想過，這一切其實本來不必讓你花一毛錢！冷氣吹多了，我們又會擔心浪費電力又不環保，你可能也從未想像過，早在一百多年前，人類原來已經可享有免費電力的優惠，而且這一切可以取之於自然，無窮無盡，既不浪費，也不會造成汙染？

提到免費電力，就必須提到尼古拉・特斯拉的「自由能源」（Free Energy）。事實上，特斯拉在1889年所發明的「特斯拉線圈」（TeslaCoil），算是他對人類最大貢獻的發明，這是一項能夠無限量供電的免費且無汙染的能源科技。

十九世紀末，電子科學的商業期刊預言將要出現「自由能源」，可是至今大眾傳媒從未正面報導過，且位於美國長島建設中的「特斯拉線圈」胎死腹中。如果「特斯拉線圈」提供的免費電力沒有被政府和特殊利益集團刻意掩埋，在今天的世界裡，我們不再需要在這能源危機中單是靠著高昂的石油、煤和電力，而電力公司的帳單以及油電雙漲也將成為歷史。

139

免費、乾淨的自由能源技術，是一百年前特斯拉給予世界的禮物

「這些概念在全世界上百個研究室裡已被證明，但不見天日。假如新的能源科技可以讓世界自由，這改變會很大，會影響到很多人，每個地方都可以適用，這些科技是在人類歷史裡發生過絕對是最重要的東西。」

——布萊恩・奧列里（Brian O'Leary，1940-2011），前 NASA 太空人及普林斯頓大學物理學教授。

當大家聽到免費能源、有用之不竭的電力或是每個月家裡的用電皆是免費等說法，可能會聯想到天下沒有白吃的午餐，不用付出而不勞而獲，或以為是異想天開及天方夜譚。

真正的「自由能源」（Free Energy）是一種先進的永續能源總稱，定義為：可持續使用，能自給自足，能量非常充裕，可以由任何人自由獲取使用，不受到常規性社會力量約束，不會被某些人或組織輕易限制的能源提取與利用方式，低污染或者無污染的能源科技。只要滿足這些條件或基本滿足，它就是自由能源。

第 3 章 ／ 特斯拉的免費能源及資源共享觀

真正的自由能源不是不勞而獲的概念，而是建立在「能量會自行產生補充」及「生命本來就是圓滿具足」的宇宙豐盛本質上。反之，各式的龐氏大騙局使得人類有資源匱乏的觀念，少數人搶奪利益獨佔資源，而忘記了宇宙的初衷，是建立在有限的概念之上。

自由能源的意義與影響

免費及無汙染的能源在現有的政治和經濟體制下無人問津，人類因此無可避免地生活在一個煤、石油或其它核子污染的世界，以及能源危機恐慌之中。

1986年，蘇聯發生的一件真實的歷史事件：車諾比核電廠爆炸，為蘇聯烏克蘭加盟共和國普里皮亞季市車諾比核電廠發生的核子反應爐破裂事故。該事故是歷史上最嚴重的核電事故，也是首例被國際核事件分級表評為最高第七級事件的特大事故。當時的總傷亡人數是93,000人，但引用在一份最新出爐的報告中的數據指出發生在白俄羅斯、俄羅斯及烏克蘭單獨事件，在1990年到2004年間可能已經造成20萬起的額外死亡，差點造成人類大浩劫。

地球近年來陷入爆發核戰、污染及能源危機，威脅人類的健康和地球的存亡。我們卻不知道，特斯拉提出的免費能源，早已能讓我們不需要再面對這類危機。一旦自由能源釋出，世界上每個地方每個人將會充滿無污染且充足的能源。汽車從此不需要加油，汽車的碳排放和污染將會是零；火力發電、核能發電等發電廠都將不再被需要，不再有燃燒和核

第3章／特斯拉的免費能源及資源共享觀

能反應所產生汙染和廢料。因此不會有耗盡地球資源的問題（例如石油與天然氣），也不會產生任何廢棄物排放（例如廢氣或核廢料），對環境完全沒有傷害。

目前地球所使用的能源，皆為合成再製成，無論是量子、分子、粒子核融等，都沒有能力憑空創造原體元素。東西愈是經過製造，和改變原始形式，愈是和宇宙失衡，也失去更多振動。另一方面，核能及再製的能源不只是造成危險及汙染，也是造成我們前進星際文明的一種阻礙，整個星際軌道會遭受破壞，不僅對地球造成影響，還會影響整個星際文明的交流。

自由能源由於是自然界的能量，我們從地球取用東西，使用時並沒有大幅改變它的分子構造，那麼它在能量層面仍是協調的。透過平衡所創造的能源才會乾淨、免費、無汙染。不過這要靠我們集體轉變為四次元意識，才能運用四次元科技，將能源來源的方式提升為新模式，我們也不再受既得利益者的恐嚇所影響，真正的生活才會從此展開。

143

來自未來的超時代神人─尼古拉・特斯拉

完美的共振現象，地球本身就是用之不竭的磁場

「在電力工程以及無線電的幾乎每一步發展中，我們都能將思想的火花追溯到尼古拉・特斯拉。這些想像遠遠超出我們的時代，幾乎沒有人可以在有生之年真切地看到它們得以實現。」

── E・F・W・亞歷山大遜（E.F.W.Alexanderson，1878～1975，瑞典裔美國電氣工程師、發明家，第一套實用電視系統簡報者）

1889年，特斯拉開發了一個系統，通過這個系統，能源可以自由地使用，這個系統就是「特斯拉線圈」（TeslaCoil）。「特斯拉線圈」乃是一項科技發明，本質就是我們的電容器或變壓器，其一特性，是能夠生產出既高頻又低電流的「高壓交流電」，配合「無線傳電」技術，則可以無限地將電力傳送至遠處，使人類能進入

1916年，特斯拉在科羅拉多斯普林斯拍攝的照片中指出了一種放電方式。

144

第3章／特斯拉的免費能源及資源共享觀

一個無污染的「免費能源」生活裡。在我們現今的生活中，只應用了「無線通訊」這方面的技術而已。

該線圈是借著地球本身用之不竭的磁場，從而運用磁力共振的方法將空氣中的電子振動出來，電子有效地誘導為一股規則性的電流，經過收集和轉壓，產生極高的「高頻電流」。一旦高頻能量開始繞設備旋轉，它就產生一種自我強化的振動，這一振動以多種方式被放大，轉化，層降頻率，最後成為電能或我們地球上其他設備可以利用的能量。

它是一種「導引」，使接收電容器能抽取其空間本身的能量，因為「高頻高壓電波」在共振效應下而變成有規則電流，而收集為一項免費能源。只要借著特定的接受電容器作為檢頻，便能在遙遠的地方也能將該處空間中所存著的能量（電子）收集為電力。

1889年特斯拉研究的「特斯拉線圈」（Tesla Coil），當時他對磁場的認識可算是亙古未有，後人更以磁力線密度單位：1 Tesla（特斯拉）=10000 Gause（高斯）以表揚他在磁力學的貢獻。

來自未來的超時代神人─尼古拉・特斯拉

從此線圈模型中發出的能量波，能使整個地球內部都能存在這樣的能量波。整個地球每一處地方即可享受到「免費電力」的生活。

這種免費能量是在1889年的特斯拉在科羅拉多做實驗時候發現的。當時的特斯拉在科羅拉多州的科羅拉泉（Colorado Spring）開始進行高頻高壓實驗的研究，將訊號從派克斯峰送到巴黎的無線傳輸，他在自己的實驗與發現的基礎之上通過計算得出地球的共

特斯拉線圈

特斯拉線圈實驗

146

第3章／特斯拉的免費能源及資源共享觀

舒曼共振頻率接近8赫茲（準確的值應該是7.83赫茲），這就是後來的舒曼共振（Schumann resonance）。

舒曼共振頻率是德國的物理學家舒曼（Winfried Otto Schumann）發現了距離地面約一百英哩的天空有一層環電離層（Ionosphere），它會隨著日光強弱發生變化，與地球表面剛好形成一個類似空腔諧振器（Cavity resonator）的空間。而這個空間諧振器就好比微波爐一樣，電磁波以7.83赫茲進入到這個空間裡面的話，它就能在這個空腔裡面通過一個共振，從而傳播很長一段時間不會消散，能量並不會減少。就像是在地球上有一點A，這A點有一個7.83赫茲的電磁波，就能繞著地球轉一圈，其他頻率的電磁波都會在傳播過程中慢慢消弱，

特斯拉線圈結構。基本上由一個感應圈、兩個特大電容器和一個線圈互感器所組成。

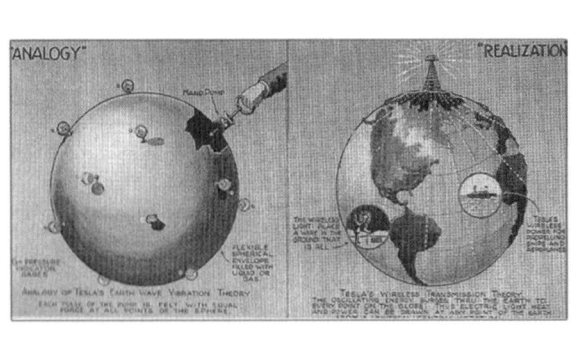

來自未來的超時代神人─尼古拉·特斯拉

特斯拉的能量波接收器示意圖。能量波在地球內部進行共振。

最後就弱到看不見了，只有這種頻率的電磁波可以繞地球環遊一圈，且這個能量的減幅是很小的。所以地球上充斥著很多這種舒曼波，就是頻率處於7.83赫茲的這樣的能量，這樣的能量可以在地球上保持很長一段時間。這個能量應該是特斯拉所描述的宇宙能量，也就所謂的免費能源。

只要建立一座大型特斯拉線圈，縱使接收電容的數量不斷增加，也絕對不會影響該線圈所供應電力的輸出量。亦因此緣故，就算同時使用大量的電容器作為接收器，也不會降低特斯拉線圈所發射出電力。也就是說，只要該座線圈是輸出600W電力，方圓35英里內，所有接收電容即可接收600W電力，就算再增加多1萬個或100萬個接收電容，這1萬個或100萬接收電容亦可以接收空氣中的600W電力。

無線傳電這種「高頻電流」可經由空氣作遠距離的「無線傳電」達至另一個「接收器」處，並且對人體絕無不良影響。特斯拉當年在芝加哥舉行的哥倫布紀念博覽會上，就曾展示過經由「特斯拉線圈」輸出的「高頻電流」流經自己的身體，而使一顆「無線燈泡」發

148

第 3 章 / 特斯拉的免費能源及資源共享觀

亮的「絕技」。5060赫茲的「交流電」轉化為「高頻的電流」後，即使流經人體也不會導致出現電阻的情況，因而引致損害。後人從理論上完全證實了這種方案的可行性，此方案不僅可行，效率極高並且安全，不但不會對生態造成影響，也不會干擾無線通信。

這就是特斯拉線圈與一般免費能源發明之分別。比如只要城市在數個方位位置上建設了特斯拉線圈，整個城市每一處地方即可享受到免費電力的生活。我們所有的交通工具、手機、電腦、電梯、日光燈、電冰箱和冷氣機皆能使用免費電力。

特斯拉線圈也能運用在無人機的使用上。目前，華盛頓大學的一名電腦科學家喬舒亞・史密斯（Joshua Smith）試圖解決包括無人機、地面機器人在內的自動化產品的充電難題。他希望能摒棄物理連接的方式，當機器人或無人機電量低時，在靠

特斯拉的無線電能，立即解決行星能源危機。

來自未來的超時代神人—尼古拉‧特斯拉

近充電設備半米左右的範圍內即可完成電能補給；而另一家位於美國華盛頓的美國鐳射動力（LaserMotive）公司成立於2009年，主要研製無線能量傳輸系統，令雷射光束無線傳送電能，正在開發的一套系統，它能夠利用雷射和光伏電池，為飛行中的無人機進行充電。這就是特斯拉將電能通過無線方式傳輸的想法，在一個多世紀前就有了。可惜這項已於一百多年前「特斯拉線圈」因資金的短缺及被壓抑等各種因素導致該項目被擱置，尚不能成為主要供電方法之一。

1917年7月4日，特斯拉位於紐約長島的沃登克里弗塔（特斯拉塔）被聯邦政府拆除。

150

第 3 章／特斯拉的免費能源及資源共享觀

特斯拉很清楚地球的電磁場中固有能量振動的關係

「特斯拉線圈」的線路和原理都非常簡單，但要將它調整到與環境完美的共振很不容易，特斯拉就是擅長掌握關鍵技術的人。就如特斯拉特殊的精神或心靈的溝通，能直接以電感應接收到能量及宇宙的訊息，他知道利用每秒7.5個週期的地球頻率（用行星的周長除以光速，就會得到該行星世界的頻率。用每秒186,300英里光速，除以25,000英里的地球周長，就得到7.5。每秒7.5個週期，在那個頻率上振動的發射塔，將會產生一個從發射塔向外循環輻射的、波長正好與地球直徑相等的波。因此這個波會到達赤道，到達地球的另一極，反彈回來，這會創建一連串的與整個地球和諧共振的振

特斯拉線圈自由能源裝置發電機演示。組織標量裝置線圈上的零點功率LED，來自乙太的自由量子能量。

151

來自未來的超時代神人—尼古拉・特斯拉

動。這一連串的振動會刺激影響、結晶整個地球的電磁場，同時給整個電磁場提供能量。這一切只需利用插到地下的任何導電材料，就能夠隨時汲取那些能量。這就好像把整個地球變成了一台發電機。

地球是一個巨大的電容器，利用發明的設備，可以免費的從自然界獲得巨大的電能，且能夠遠距離的無線傳輸，地球上的任何地方只有用一個簡單的終端，就可以享受源源不斷的電能。

這種能量不需要以某種形式儲存以便強化，因為宇宙中存在著無窮無盡、永不停歇的能量供應，這些能量不斷在星球內外流動，只要把能量流導引到需要的區域就是了。特斯拉很清楚地球上的電磁場中固有的原始能量振動的關係。他知道，這些原始能量振動總是可以被引導，並轉化為任何可以想像的能源。

特斯拉從他位於科羅拉多斯普林斯（1899）的實驗室裡探頭

第 3 章 ╱ 特斯拉的免費能源及資源共享觀

免費能源的證據

> 自從特斯拉之後，有許多證據顯示有很多科學家都知道這能源，但它的存在與使用性在過去的半個世紀一直被打壓及勸阻。
>
> ——西奧多爾羅德三世博士（Theodore C. Loder III，1941-），新罕布什爾大學地球科學系和地球、海洋與太空研究所的名譽教授。

特斯拉的發明給予了其它發明家許多的靈感以及啟迪，一篇在8月2001年 Foundations of Physics Letters 的報導表示廣義相對論的原理可以用來解釋不動的電磁發電機 motionless electromagnetic generator（MEG）的原理。這裝置用彎曲時空的電磁能量製造輸出比輸入要二十倍多的能量。這文章展現電磁能量可以從真空被取得，而且可以用來讓像 MEG 的裝置發電，它還強調這些裝置是有重複性和可重複使用的。這些機器存在的事實讓人覺得不可思議，可以迅速地剷除貧窮，因為沒有人需要再付帳單，令人費解的是這些機器現今竟然沒有被全世界所使用。這系統不只是理論而已，它是非常實用的，

153

卻也很容易被壓制，因為這可能會徹底摧毀現有的整個能源產業。

卡西米爾效應 The Casimir Effect 是免費能源的證據，此效應表現了零點或真空狀態的能量，這個的重要性及用途非常的廣泛，而且被全世界的理論物理學家一再提及。最近在哈佛大學和自由大學阿姆斯特丹跟其他地方的研究證明了卡西米爾效應是對的。

第 3 章 ／ 特斯拉的免費能源及資源共享觀

能量能夠無中生有？

1891年，尼古拉・特斯拉在一次演講中提到：「幾個世紀之後，也許我們可以從宇宙中的任意一點提取能量來驅動我們的機械。」用今天的科學語言解釋，這種能源就是真空零點能量，或稱空間能、自由能等。

自由能源是指利用特殊技術奪取電子電場作為能量輸出，而電子從環境中獲取能量以恢復自身的電場的過程。目前的物理學家知道，宇宙的空間當中其實充滿著能量，即使是在真空中這些能量也依然存在。這些能量並不是靜止的，而是無時無刻都在流動。自由能源發電機就是透過擷取這些流動的能量來產生電力。這是其中一種自由能源的原理，目前還存在許多以不同原理運作的自由能源技術。

在真空中汲出無窮無盡的能源，是運用自由能源

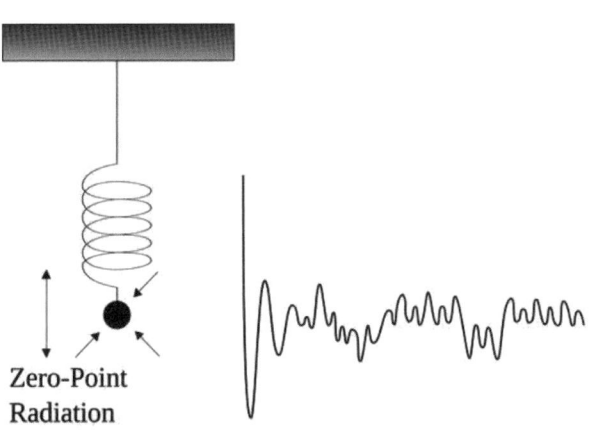

零點能源，未來的燃料（圖／en.wikipedia.org）

來自未來的超時代神人—尼古拉・特斯拉

的一個概念。利用真空度，汲出真正乾淨有電子的能源，而且可以重整生物圈和所有生命，此能源絕對不會有任何污染，也可隨時隨意變換。

佛經說：「真空不空。」從學習物理學開始，我們一直都以為真空是空的，沒有任何物質。但是實際上，真空並非空無一物，這個說法似乎自相矛盾，真空怎會不空呢？當物理學家把所有物質及能量從一個封閉的空間抽去之後，雖然已經真空看不到任何東西，但很奇怪，還是可以偵測到一些東西。依據量子力學顯示，大爆炸之前沒有物質，沒有時間，也沒有空間，只有充滿了量子漲落的沸騰的真空，而這片真空中蘊含著巨大的能量。真空中到處充滿著稱作「零點能量」的電磁能，這一概念是來自量子力學的核心理論：海森堡的「不確定性原理」。在絕對零度下，任何能量都應消失，構成物質的所有分子和原子均應停止運動。可就是在絕對零度下，還是存在一種能讓粒子還在振動的能量，這就是真空的「零點能量」，或是稱為「真空能量」。

為什麼在真空中會存在「零點能量」呢？海森伯的「測不準原理」說明不可能同時知道同一粒子的位置和動量。科學家們認為，即使在粒子不再有任何熱運動的時候，它們仍會繼續抖動，能量的情形也是如此，這就意味著即使是在真空中，能量會繼續存在，而且

第3章／特斯拉的免費能源及資源共享觀

由於能量和品質是等效的,真空能量導致粒子一會兒存在、一會兒消失,能量也就在這種被科學家稱為「起伏」的狀態中誕生。科學家們宣稱,宇宙空間是廣袤無垠而又高度真空的,真空起伏蘊含著巨大能量。任何體積的真空都可能包含著無數的「起伏」,因而也就含有無數的能量。這就是真空能量的存在,是自由能定論,不容否認的證據。

最早,這種「零點能量」只出現於理論,直到卡西米爾效應的出現直到卡西米爾力(Casimir force,一種由於真空零點電磁漲落產生的作用力)的精確測量,算出了一個真空能量密度,證實了這一物理現象,使得「零點能量」沒有爭議,被科學界普遍接受。

1948年,荷蘭物理學家亨德里克·凱西米爾(Hendrik Casimir,1909年7月15日—2000年5月4日)提出了一項檢測這種能量存在的方案。卡西米爾想要證明真空能量的存在與否,因此設計了一個實驗。真空通常被認為是空洞,但

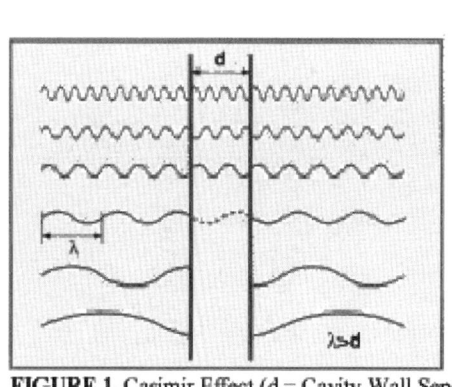

FIGURE 1. Casimir Effect (d = Cavity Wall Separation, λ = ZPF Mode Wavelength).

卡西米爾效應表現了零點或真空狀態的能量,從真空提取能量。它是一個無比巨大的能源。

157

來自未來的超時代神人—尼古拉・特斯拉

卡西米爾研究顯示這些空洞的確有電磁波的波動。根據上段所說，量子場論的「真空不空」觀念，在即使沒有物質存在的真空中，仍有能量漲落。其理論是，如果有兩個非常薄的金屬板放在一起，（我們所用的間隔距離為亞微米的尺度）。在這麼小的距離間，如果有真空能量，就會產生真空能量的不平衡（或技術上稱之為真空能量的「量子漲落失衡」），會對板塊產生推力。由於這些金屬板非常接近，但卻保持一點距離。如果真空中最小波長的外部壓力真的產生了，那就會將板推在一起，藉此即可證明真空能量的存在。從理論上看，真空能量以粒子的形態出現，並不斷以微小的規模形成和消失。在正常情況下，真空中充滿著幾乎各種波長的粒子，但凱西米爾認為，如果使兩個不帶電的金屬薄盤緊緊靠在一起，較長的波長就會被排除出去。接著，金屬盤外的其他波就會產生一種往往使它們相互聚攏的力，金屬盤越靠近，兩者之間的吸引力就越強。1996年，物理學家首次對這種所謂的凱西米爾效應進行了測定。利用兩塊金屬板，而在板與板之間當真空把兩塊板拉近時，然後給兩塊金屬板微微充電，電壓盡可能提高，再將之接上電池，電荷互相排斥併流入電流，令它充電，無中生有及無窮無盡的能源（自由能源）便產生了。

近年在哈佛大學和自由大學阿姆斯特丹跟其他地方的研究證明了卡西米爾效應是對

158

第3章／特斯拉的免費能源及資源共享觀

的。從那時起，這個實驗被許多科學家驗證了很多次，現在被稱為「卡西米爾效應」。卡西米爾效應是免費能源的證據，很多近年的文章裡都提到從電磁零點輻射中提取能量和熱量透過卡西彌爾效應，這些提案中的基本熱力學有被研究及澄清過，理論上來說都是正確的。1998年，美國洛斯阿拉莫斯國家實驗室和奧斯丁高能物理研究所的科學家們，用原子顯微鏡測出了「零點能」。也就是說，即使在絕對零度，這種真空活性仍然保持著。

狄拉克從量子場論對真空態進行了描述，把真空比喻為起伏不定的能量之海。

我們都認為，在這個宇宙中所有的物質都是固體的，就是我們周遭所能感知的空間這個現實世界。我們以為在整個宇宙中所有的物質都是固體的。我們周圍的空間裡充斥著的其實是一種純能量，我們稱為真空能量。此外這種真空能量的密度是無限大。在空無一物的真空中，到處都是同時出現的電子和空洞，它們會瞬間出現便消失，然後又回到原來的地方。這種永遠保持的滲透關係，會在真空深層裡不停的產生，也因為有這種真實粒子與虛擬粒子的量子糾纏作用，才會形成你在收音機裡所聽到的靜音干擾，同時這也是產生萬事萬物（可見宇宙）的來源。而當我們看到某些物體、拿起它、碰它、或是其它的動作……。會有這些感受是因為真空能量在無限密度的能量裡，釋放出一個小波動，而這

159

來自未來的超時代神人—尼古拉・特斯拉

個波動夠緩慢，所以我們的感官才能感受到這些物體，而能呈現出我們這個現實世界，因此，這個宇宙不存在真實的物質，而是一種能量（頻率）波動。

根據物理學家的全像宇宙理論說法，物質的投影本體是能量，能量是波是看不到的，物質是投影的像素粒子，是只能瞬間存在的，物質的投影本體是能量，而能量形式的內容表達，必須靠資訊位元的排列組合碼來明確定義。物質是一種顯化的結果，凡是我們可以觀察到的、或是可以用儀器量測到的物理量，均屬一種顯化的結果。而顯化是無中生有的意思，也可以說物質是從空無中顯現出來的，能量從物質中吸收與發散。不同形式的能量，最後就是以資訊的不同排列組合來定義與解釋。從佛教的觀點來說，就是認知分別的呈現，任何對現象的指稱都是通過各種系統裝備，用語詞包裝及語句符號公式表現出來。我們有非常多的系統去考察，看我們用甚麼樣的系統去分別，對我們稱之為事實的因緣變化、認知以其項目組成的，才能指東道西。

在微觀的觀察裡，物質並沒有所謂的絕對實體存在，一切可觀察與感受的對象都只是振動而已。而由振動頻率生成的萬物，其察覺、感覺的差異，是頻率差異所造成的現象。

但是，因為我們的物質心智不能知覺這些活動，我們不與內在的這個部分認同。我們在看

160

第3章／特斯拉的免費能源及資源共享觀

電視、在吃飯、或在工作的那部分認同，你認為它知道它自己在做什麼，但你自身這看似無意識的部分，其實知道的多得多，而你整個肉體的存在全靠它的流暢運作。

來自真空的能量既不是具體的，也不是固著的，它有著擴張、發展及組織等等的無限特性，它是有覺性的能量，以「粒子」或「波」的方式運作，不論運作的方式為何，都是察覺的。

宇宙的本性只是一種存在，它無形無相、無作無為、如如不動。宇宙中的一切都源自這其中，此為不生不滅、第一不動的原動者，不是存在於這個時空架構中，既不會生起也不會消失，就代表它永遠存在，超過相對。它是最先的存有當意念準備形成現實時，能量即被加強，並由其內部激發爆炸性的火花，從而爆入一個開始「實質的物質化」過程。於是，在一個很強的、集結的能量狀態中，形成三千世界。經過這樣的過程，物質世界的原子和分子就產生了。

這代表你和我一直信以為真的現實世界其實是假的嗎？其實，所謂的真空，其實是連空無也無，物質現象雖然為假有，但是假有並非空無，而是並非終極的，是變動的、部分的，因緣生成的，源自本體，是一種心識的變現。

自由能源將是一個全新文明的開端，一個以自由和豐盛為基礎的新文明

自由能源的傳播將為人類帶來一次飛躍就像人類發現火一樣。它是一個「波動的能量之海」，預測在不久的將來，人類將能夠從真空中獲取能量。太空飛行器星際旅行所需的能量可以在任何時間和地點從真空中獲得，並且取之不盡，用之不竭。事實上，這些能量是原本就已經存在的，有時可以用「較低星光層」說明。

迎向高科技的未來，我們對宇宙的能量必須要有一個新概念。意識到免費無限制的乾淨能源將是最大的能源之一，自由能源是取之於宇宙的永恆能源，一立方公分的真空所計算出的能量，可以產生出比全宇宙還要多的質量，宇宙充滿了數不清的永恆的能源真的實實在在存在於真空中，這些已經被證明了。

宇宙中所有的物質都來源於零點電磁漲落能，我們身上的每一個物質粒子不停地與真空零點能發生能量交換，也就是，沒有任何一個物理體系稱得上是孤立體系的。根據物理真空的性質，我們可以從空間任何一點提取零點能，並轉換成我們所需要的能量形式。

如果零點能可以提取，無疑將是人類所能夠利用的最佳能源了。它是潔淨、廉價的能

第 3 章 ╱ 特斯拉的免費能源及資源共享觀

源，是大自然給予人類的免費禮物。沒有更多的石油、沒有更多的污染、不再有能源戰爭等。我們將會有時間來構建自己想要的花園，共同生產天然食品，在我們的星球供給流通，我們都可以真正做自己的工作，並有無限自由的時間來朝自己的夢想發展，為社會貢獻我們的知識和創造力。

來自未來的超時代神人—尼古拉‧特斯拉

特斯拉的資源共享觀

特斯拉一心想要完成全球免費電力無線輸送的夢想，是因為他一直有個偉大的理念：工業應該免費普及於世界。

特斯拉很清楚我們地球上的電磁場中固有的原始能量振動的關係。把地球看作一個傳輸電能的通道比看作電線或電纜有絕對優勢。宇宙中存在著無窮無盡、永不停歇的能量供應，這些能量不斷在地球內外流動，只要把能量流導引到需要的區域就是了。特斯拉也很清楚了解真正能量的運作，以及如何融合在一起的過程中，就像骨架一樣。他知道這些原始能量振動總是可以被引導，並轉化為我們可以想像的任何類型的能源。

特斯拉發明了全球免費傳輸電力，造福全人類的理想該何去何從？這恐怕不是科學問題，而是社會問題。引發戰爭的主要的原因就是資源，「零點能量」真是宇宙中最最普遍，最最唾手可得的能量，因為它無處不在，我們身邊、甚至空無一物的太空裡，也到處都是。如果能利用這種能量，人類還會為資源問題而煩惱嗎？

第 3 章 ／ 特斯拉的免費能源及資源共享觀

特斯拉說過的一段話：「按照一種違背現有理論的方法，可以生產出來一台自動的引擎或機器，它雖然沒有生命，但卻可以像生命體一樣從任何地方中獲取無盡的能量。」也許特斯拉已經找到了零點能的利用方法，但是很可惜，由於各種原因沒有流傳下來。自由能源過去所面臨的打壓和威脅之嚴重程度，超乎我們的想像。一個發明家若在能源技術上有所進展，即使它的發明不是自由能源，但效率已經高到足以取代傳統能源，就會受到威脅。

——Theodor C. Loder III 博士

自從特斯拉之後，有許多證據顯示有很多科學家都知道這能源，但它的存在與使用性在過去的半個世紀一直被打壓及勸阻

這些科技被政府鎖在黑色的預算項目裡，會需要神的力量才有辦法讓它們被解鎖造福到人類

——Ben Rich，洛克希德公司的臭鼬鼠工廠科前主

165

來自未來的超時代神人—尼古拉・特斯拉

世界上的苦難是缺乏能源的結果

因為地球上的痛苦有很多都與缺乏能源有關。大自然教給我們的一切，是使每一種生物蓬勃發展，但對於大多數地球上的人們生活的目的不是為了萬物的繁榮，而是在於生存競爭，對生存的恐懼驅動著所有人，這就是世界上爭端不斷的原因之一。

生活意味能量競爭，以追求利益為出發點，一提到發明，總會有許多猜忌和提防，只想自己的國家獨自擁有。每個國家都能用一堵絕對不可穿透的牆包圍自己，並且藐視其他國家，因此對人類進步極為不利的狀態必然會發生。唯有通過消除所有分隔國家和民族的障礙，文明才能得到最好的發展。在高等文明的星球，不存在追求利益的動機，因為他們沒有擴張自我權力或財富的需要，所有發明都是共享的資源。

人類因失去了觀察能量及自宇宙間取得能量之能力，所以覺得恐懼、無力，而不自覺地使用各種方法由他人處取得能量以滿足自己，如藏私、輕視、詆譭

特斯拉在他紐約客酒店的房間裡。

166

第3章 / 特斯拉的免費能源及資源共享觀

特斯拉在紐約市西40街8號的辦公室工作

特斯拉紐約市在西40街8號辦公室工作

他人。人與人之間的關係也由競爭來得到更多的能量，藉著贏過對方，讓對方的能量流向自己。對於下一代，我們也經常用自己對生存恐懼的標準，以社會化的公式、過度的規則，暴力導正的心態指正兒童，以致大量取走他們的能量，這是在成長中造成它們長大後企圖扮演「能量操控者」的原因。這些都是人類為了取得能量控制權所使用的手段。雖然我們企圖得到更多，在狀態上改變，由於我們看不到能量的流動，事實上自身匱乏的意識狀態吸引更多的匱乏能量。我們應試著激發他人最好的一面，而非控制他人，強過他人。在此情況下，宇宙會自動地有更多的能量流向我們。

來自未來的超時代神人—尼古拉・特斯拉

我們可以運作的科技，取決於我們用什麼樣的意識水平操作它。自由能源等待著我們人類去開發，但假若我們的意識不是從豐盛、愛、互助及了解做出發點，新型科技的運作並不容易成功。我們如果做到無所求地資源共享，這是一種巨大的能量，其回應是不可衡量的。真正能量之給予是互相分享的，是要讓全地球的人類都受益的想法，如果人類皆如此互利，互相提升能量，則人類之進化速度將大增。所有人最終都能受惠，會是推動這些科技的動力。

宇宙是巨大能量系統，人類加速進化之秘訣，是完成自我價值並且激發他人價值的能量，及無企圖、無所求給予的能量，宇宙會自動地有更多源源不絕的能量在彼此之間流通，最終完成

特斯拉在他的年度生日慶祝活動中

約翰・t・莫里斯（John T. Morris）、維克多・梁（Victor Beam）和特斯拉與交流發電機的合影

第 3 章 ／ 特斯拉的免費能源及資源共享觀

特斯拉在他在紐約旅館的房間裡。

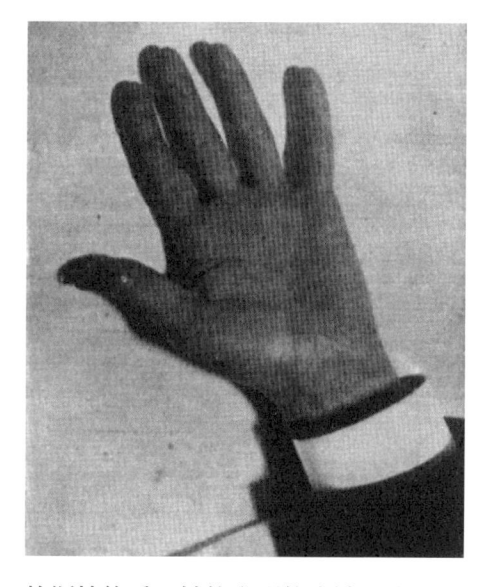

特斯拉的手,被他發明的人造日光所照亮。這是第一張由未來光拍攝的照片。

宇宙間的最大利益。那麼在短短幾年內,我們將可能在地球的時空結構裡,直接提取自由能源作為動力。

第四章 特斯拉的腦內世界及神通能力

來自未來的超時代神人—尼古拉‧特斯拉

"My brain is only a receiver, in the Universe there is a core from which we obtain knowledge, strength and inspiration. I have not penetrated into the secrets of this core, but I know that it exists."

――Nikola Tesla

「我的大腦就是一個接收器。在這宇宙裡面有一個核心，我們所獲得的知識力量和靈感，全是來自於那核心。」

――尼古拉‧特斯拉

第4章／特斯拉的腦內世界及神通能力

二十世紀是從尼古拉‧特斯拉的腦袋裡出生的

尼古拉‧特斯拉被稱為「創造出二十世紀的人」，他記錄在案的發明專利就有一千多項，如果加上他已經出售或者沒有記錄的專利，那麼數字應該能夠達到驚人的兩千項。以特斯拉創造了一千多個發明作品來計算，他每年的發明就有二十多個，平均二十天就有一項發明。他究竟是如何做到的？

這不得不談及特斯拉有一項十分罕見的才能：就是他所有的計算和推演不需要任何模型、圖紙或者實驗，全部都在自己的腦袋裡就能完成。他的腦中經常能夠浮現清晰的事物圖像、光線的物體輪廓，直接將理論繪製成圖像及施工，和實際的結果是完全一樣的。

無論是工程、電氣還是機械，所有結果都能符合他的想像。特斯拉在 63 歲那年述說他的創作生涯：「我在腦海中修改框架，不斷完善，並進行試驗操作。不管在頭腦中運行自己的渦輪機，還是在工作室進行測試，對於我來說，完全都是想像行為。我甚至可以想像到渦輪機出現故障的細節。當我將所能想到的所有合理改進都體現在設計中，直到再也找不出缺點時，我才會把腦海中的成品具體製作出來。我設計的裝置實際運行情況與我的想像完

173

來自未來的超時代神人—尼古拉‧特斯拉

全一致，試驗結果也正好符合我的設計計劃，二十年裡無一例外。」比起一般計算與推演的方法，特斯拉的方法不需要進行數學運算，也無需列出方程式，可是卻更快捷、更高效，其效率抵得上每秒運算千億萬次等級的超級電腦。這樣的能力，同時代的人皆稱呼特斯拉為超人，甚至在當今科學界依然無人可以做到。

特斯拉說：「從具有可行性的理論到實際資料，沒有什麼東西是不能在腦海中預先測試的。人們將一個初步想法付諸實踐的過程，完全是對精力、金錢和時間的浪費。」這是什麼意思呢？特斯拉認為當人們製造裝置去試驗某個粗略的想法時，總會發現自己不可避免地將注意力集中在裝置的細節上，在對裝置進行不斷改進和重新製造的過程中，注意力就會慢慢分散，並忽略設計的基本原理。或許他們可以收穫一些成果，但是設計品質已經打了折扣。特斯拉只要在

特斯拉用高頻電流點亮一個和 1500 個燭光一樣亮的真空燈泡。

174

第 4 章／特斯拉的腦內世界及神通能力

> Then There is the Intensified Gernsback Searchlight, Calculated to Blind the Attacking Submarine Skipper Through His Own Periscope.
>
> PERISCOPE TUBE
>
> PHOSPHORESCENT SCREEN
>
> NIKOLA TESLA'S suggestion for detecting submarines at a distance is the projection of an invisible concentrated ray comprising a stream of minute electrical charges vibrating at a frequency of millions of cycles per second. This ray on striking the hull of a submarine would be reflected and the reflected ray could be caught on a fluorescent screen at the mouth of a submerged periscope tube on the same or on other ships.

1917 年特斯拉發明 U 型潛艇

一轉瞬間，隨即在腦中完成論證了，這就像佛教中所說的現量知曉。對於想要知道的東西能夠立即直覺，不需要透過意識心智加以思索或經過任何推理運算，彷彿直接現於眼前、能直接看到一般。

在目前的物質世界，我們要打造任何東西都需要付出肉體的力量和物理上的時間，最後還要受到知性的檢視。這樣的作法，自然會受到較多的限制。星光層界使用到的能力還有飄浮在空中，或是用意念移動物體等等；雖然在肉身層界也可以學習這個能力，但是需要付出的心力會多很多，而且條件也會嚴苛許多。

在星光層界（astral plane），所有東西在被創造之前都得先從視覺觀想開始。靈體或元神又名星光體（astral body），是許多哲學家所提的介於理智靈魂和心智身體之間的細微身（subtle body），由一種細微物質組成，雖然肉眼不見，並非無形無質。其概念最早可追溯到柏拉圖哲學，

來自未來的超時代神人─尼古拉・特斯拉

與占星學的行星天（planetary heavens）所構成的星光界相關。平時靈體與肉體合而為一，隱而不現，西方超心理學家稱之為乙太複身（Ethereal Counterpart）。星光或乙太（Astral or Ethereal Material）為形而上的物質，不受物理世界自然律的支配。因此，有關靈體的探測，現代的科學技術無濟於事。

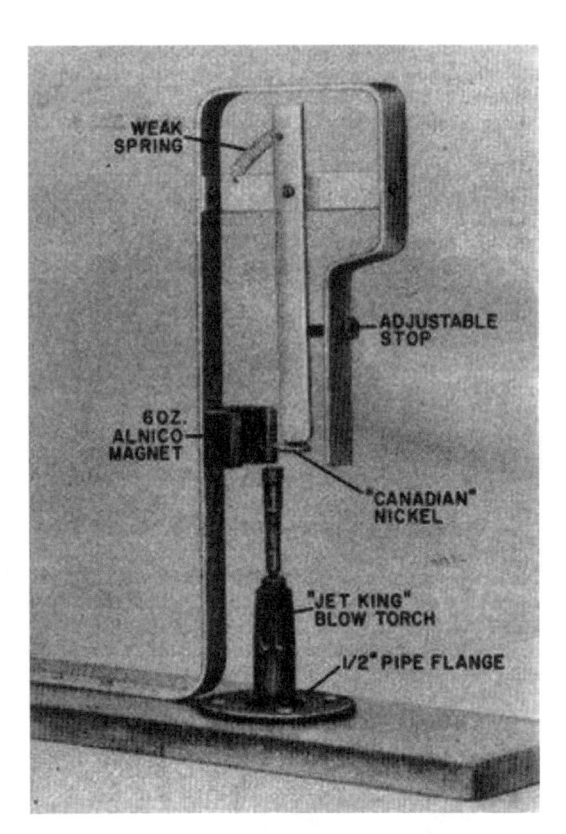

特斯拉的熱磁馬達來自特斯拉宇宙計畫收藏

第4章／特斯拉的腦內世界及神通能力

特斯拉的靈視力

靈視力（clairvoyance）是超感官能力的一種，是透過內在之眼去看、去觀察、去接收視覺影像。這類型的視覺影像難以被肉眼所覺察，因為它們散發的振動頻率超出肉眼所能感知的範圍。這個能力是我們與生俱來的，只是有些人更熟悉如何使用它。

特斯拉就有這樣一種常人所無法企及的思維視覺化能力，他的回憶錄裡敘述道：「我少年時期，當有人跟我說起一個詞的時候，那個詞特指的景象就會栩栩如生地浮現在我眼前。」、「我有時心中的心念先出現或者聽到某個詞，就會自動投射到視覺上，看到很多奇特的人和事的形象。」

特斯拉的一個起心動念，他腦海中的東西就出現在眼前了，還有心靈感應操作物質的狀態，佛經裡天界的天人也是一樣的情形。在佛經中，他化自在天的諸天人，心中想吃什麼，只要一思維就能享用這種食物；想穿什麼顏色、樣式的衣服，一動念衣服就能瞬間穿在身上。這些天界的天人能夠直接可以心念變現物質在眼前，一切所需都能隨意具足。

177

每個人都有心想事成的能力，一切都是振動頻率

心念變現出物質，也就是佛教所謂的「萬法唯心造」。在時下流行的「吸引力法則」這類型的書中也說明了一些運作上的技巧，傳達了我們在該現實世界中所覺知到的一切，都是我們自身振動頻率的反射。藉由知道自己的振動頻率，根據自己的創造意向，更快做出決定、重新調校（recalibration），並改變頻率，現實便會以某種方式，將內在已經完成的轉變反射給我們。

一般來說，我們每個人都有「心想事成」的能力，但是創造結果所花費的時間似乎有快慢之別。從吸引力法則的操作上來看，我們變現出一個具象事物的過程需要運作的時間，無法像特斯拉一瞬間之內就能完成，或是立即出現畫面在眼前。其實所有在我們身邊的事物，都與我們處在共振的頻率上，也就是隨時都在立即變現，任何與我們頻率相匹配的事物就會被我們吸引而來。這也符合特斯拉所說的：宇宙中所有的一切都來自於物質和思想的共振，任何事物包括你的思想、頻率、你發出的電波都是振動源。

我們以為創造物質事物需要速度，其實只是我們的定義、信念擋在外面，認為我們想

第4章／特斯拉的腦內世界及神通能力

要的一直吸引不到，不想要的遲遲不遠離我們，這是因為我們不清楚自己的振動頻率，亦即我們的信念是什麼。我們如果只專注於吸引我們想要的，執著一定要有一個具體實踐的結果，就會以為正面的東西才是我們所吸引的，負面的、不想要的東西是我們操作失敗的結果。事實上，任何的外在都是反映我們的內在狀態。

來自未來的超時代神人—尼古拉·特斯拉

專注於振動頻率，覺醒是有自在的能力去操作及修改變因

我們從知道怎麼做出轉變，了解自己的信念起步，從而了解特斯拉所說的一切都是共振，我們窮其一生都在轉變中，這個創造運動的方式，也是存在於運動的幻象背後的真實。

把焦點放在提昇自己的振動頻率，我們會變得更覺知，隨著意識擴展，靈視力也會慢慢開啟。「覺醒」就意味我們能切實專注於頻率，透過內在之眼去覺察這個振動，有自在的能力主動去操作及修改影響外境的那個想法、變因。

所謂佛眼看因，眾生看的是表象與結果。走向覺醒之路，不是學習拼命達成清單，不斷創造物質成果，知果不知因，見樹不見林；而是清楚明白，我們的思想、頻率是什麼，以及是怎麼創造了這一切。

尼古拉·特斯拉街角在紐約

第 4 章／特斯拉的腦內世界及神通能力

特斯拉的天耳通

特斯拉的感官敏銳如蝙蝠，他的耳朵就像天然聲音放大器，可以聽到極遠方的聲音。

小的時候，特斯拉就多次因為聽到鄰居家傳來一般人微弱的爆裂聲響，因而解救鄰居免遭祝融之災。成年後工作時，平常能夠聽到三個房間以外鐘錶的滴答聲，甚至是當蒼蠅在房間的桌子上降落時，他的耳朵裡就會產生悶雷般的撞擊聲。特斯拉曾描述他在美國進行實驗時，清楚聽到五百五十英里打雷的聲音，他的助理頂多聽到一百五十英里，特斯拉的耳朵靈敏三倍有餘。

他的前額還有特殊的感知力，一旦當它發癢時，十二英尺外有東西出沒。特斯拉回憶道：「我聽到其他房間的時鐘在抵達作響，一隻蒼蠅落在桌上發出緩慢沉重的巨響，我的前額有了一種蠕動的奇特感覺，我覺察到黑暗裡的一個物體的奇特存在，太陽光在我頭腦裡引起可怕的轟鳴，一輛馬車駛過讓我感到渾身劇烈震顫，緊接著各種構思如強光一般一閃而過，並且在瞬間證明了它的真實性，那是一種令人瘋狂的快樂，各種思想如奔騰的洪流，讓我無法跟上它們的節奏。」

來自未來的超時代神人—尼古拉・特斯拉

特斯拉的情形，好比佛教說的天耳通。佛教有六通，天耳通就是其中一種，具有天耳通的人能用耳朵聽無遠弗屆的聲音。天耳通是指修得與色界天人同等的耳根，有了天耳通的人，他的聽覺便可與天人一樣，所聽的範圍包括六道之中的一切聲音，天上的天音樂聲及人間的男聲、女聲、樂聲、苦聲。雖然聽覺的距離無遠弗屆，但卻各各分明，毫不混雜。

對於特斯拉的敏銳感官，當時的醫師卻是給予藥物幫助，卻沒有協助深入探討內在靈性意義。在現代醫學更加發達的今日，新時代的靛藍兒童、水晶兒童等等，也有類似這些特質，卻被主流醫學標籤為感覺統合失調、注意力缺失症等屬於「精神失調的毛病」。因為他們和主流醫學的正常標準不同而與一般人有著生理差異。實際上靛藍小孩恢復了接近十二條DNA螺旋，我們普遍不會在第三維度中恢復自己的十二條DNA螺旋，因此他們在這個層面上是與眾不同的，也就是說，在目前文明在第三維度，他們的DNA卻已進化成多維度的生物，因此他們在這世間卻顯得有些格格不入，因為他們是在物質身體當中。亞特蘭提斯文明的人普遍還有這些天耳通的能力，也會知道自己是誰、從哪裡來，而目前這個文明的人類幾乎退化了。

從振頻上來說，他們或許已經跨過了某些振頻上的門檻，所以他們能夠更清楚地記得

第 4 章／特斯拉的腦內世界及神通能力

他們是誰，他們能夠像天線一樣，接收到更高頻率的能量，並且在生命中的更早期，就展現出創造性的才能。可惜這超過了當時甚至是現在人所能接收及定義的頻率範圍，所以就很難被世人理解甚至是接納了。因此，我們需要去尋找自己靈魂精神所在，重新檢視我們從社會文化中所吸取的信念，根據全新的觀念仔細地來思考評斷它們。

來自未來的超時代神人—尼古拉·特斯拉

特斯拉的預知力

特斯拉還有一項特殊的能力，即預知力。

他的預言精準無比。他告訴過他的侄子柯讚諾維奇一件在曼哈頓發生的事情。

1890年，有一天他舉辦一次盛大宴會，宴會過後，有的客人準備乘一趟開往費城的火車回家。特斯拉此時產生了一種強烈的迫切要求，他非要把他們留住不可，一定不讓他們去乘這趟火車。果然這趟火車發生翻覆意外，許多乘客不幸罹難。

特斯拉還預言1912年的鐵達尼號很快就會沉沒，為此，他還告知一些好友不要登船。當時特斯拉有位朋友約翰·皮爾蓬·摩根（J.Pierpont Morgan），這個人是美國華爾街的金融大亨有億萬家產的富翁，他本來是要搭船的，特斯拉勸告他不要乘豪華遊輪鐵達尼號出遊，摩根相信了特斯拉，去票務處退了船票。而另一個朋友約翰·約伯·奧斯塔沒有聽從建議，選擇登上船，最終隨鐵達尼號葬身大海。在特斯拉晚年的三十年之中，預言了不少關於朋友的災禍，基本都應驗了，救過很多的世界富豪及政要。

此外，特斯拉在臨終前，也預言人類世界將會發生兩次毀滅性的災難，並且說出了

第 4 章／特斯拉的腦內世界及神通能力

具體的時間。這兩次災難就是第一次世界大戰和第二次世界大戰，並且預言的時間都非常準確，第一次世界大戰分毫不差，第二次世界大戰的時間也只相差了五六天。

特斯拉還在1926年預言了以後會有智慧型手機的出現，這則新聞近年被登載在美國媒體「Big Think」上。特斯拉手稿中提到：「當無線技術已經被完美地運用的時候，整個地球將變成一個巨大的大腦，無論我們距離有多遠，我們都能立即連絡到其他人，不僅如此，我們還可以透過視訊的方式，聽到和看到彼此，就像我們面對面交談一樣，而能完成這樣的功能設備，可以直接被我們裝在衣服口袋裡。」這個體積小的東西，就是我們現在人人都在用的智慧型手機。這段話也涵蓋了網際網路（聚合的大腦）、遠端視訊等我們現在習以為常的東西。

來自未來的超時代神人—尼古拉・特斯拉

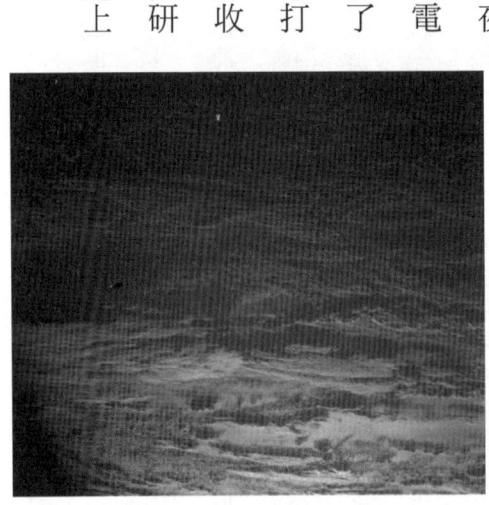

特斯拉收到來自外星文明的無線電信號

特斯拉在他75歲的時候，接受了時代雜誌的訪問時，提出了以下的看法：「我覺得能夠和宇宙間其它生物溝通是最重要的事。這一天一定會到來，而到那時，我們會發現，他們是宇宙間另一類人種，跟我們一樣有工作、有困難、有痛苦。這樣的發現一定會帶給人很奇妙的影響，並且會成為一個宇宙國，就像現在的人類一樣。」

在1899年5月17日，這是一個靜謐的夜晚，特斯拉在自己科羅拉多的實驗室裡研究大氣電學，通過他自製的接收設備觀察閃電訊號，發現了外星人的無線電波訊號。他獨自一人在實驗室中打算用他發明的收音機接收超自然聲音，但最終卻收到了一個清晰且不尋常的信號，後來經過特斯拉研究論證發現，這個信號很可能是源自於地球軌道上的某個物體。

黑騎士衛星（black knight satellite）

第4章 ／ 特斯拉的腦內世界及神通能力

人們對1899年尼古拉·特斯拉（Nikola Tesla）首次發現的黑騎士衛星的興趣似乎與日俱增，但原因不得而知。

這個信號是來自地球的極軌道上有一顆名為黑騎士（the Black Knight）的神秘衛星，直到1932年才被科學家證實。而這些發現則開啟了宇宙無線電波領域的應用，目前是用來偵測遙遠恆星的訊號以及其它未知的神秘訊息。

從最初特斯拉第一個接收到來自黑騎士衛星的信號開始，到它逐漸引起人們的重視，一直以來黑騎士衛星都在不斷地發出神祕無線電信號，而世界各地的科學家以及民間無線電愛好者也都在第一時間截獲並致力於破解這些信號的內容。

駐波就是特斯拉在當時發現的。此外他在對閃電風暴的觀測中，還發現了地球有一個共振的頻率，並以此原理發明了人造閃電，一種最高可達百萬電壓以及41米長的閃電，其釋放的雷聲方圓25公里內都可以聽到。

人造閃電

187

來自未來的超時代神人—尼古拉·特斯拉

心電感應與靈及異次元溝通

特斯拉的奇思妙想有如泉湧，經常湧現源源不絕且稍縱即逝的靈感，將這樣的靈感，記錄在手稿和筆記本上，他的書房及實驗室，堆滿了記錄這些的手稿。在特斯拉的一生中，感應情況的出現不計其數。例如在夢中感應母親的境況，特斯拉說：「我在巴黎的時候，我看到我的母親去世。在天空中，充滿光明和音樂，飄浮著的都是奇妙的生物。其中一人擁有一個母親的特徵，她無限慈愛地看著我。隨著這景象消失，我知道我的母親去世了。」果不其然，當他說完這段話後，第二天他的母親就去世了。

他每次總能透過內在的直觀來讀取這些現象，例如他的姐姐安格琳娜得了重病，他從紐約發回去一個電報說：「我眼前看見安格琳娜出現又消逝了，我感到情況不妙。」薩瓦柯讚諾維奇後來回憶，他說特斯拉是一台能記錄到任何擾動的靈敏接收機。最終的事實往往證明，他說的基本上都是真的。此外，他還能和電子、粒子、引力溝通。特斯拉曾說，人腦波調至高頻時，是可以通過心電感應交流的理論。

我們每個人都有兩種能力，除了先前提及的，第一個是心想事成的能力，第二個就是

第4章 / 特斯拉的腦內世界及神通能力

心電感應的能力。心電感應，也就是兩個心靈之間互相傳送、接收思緒，是星光層界最常使用的溝通方式，星光層界還能意念移動物質。思緒就像是無線電波一樣，觀想則是另外一種意志控制物質的能力。

目前超感官知覺（Extra sensory Perception，簡稱 ESP）的研究已普遍被學界認可，其中涵蓋心靈感應、透視力、觸知力、預知力等。有一些企業及學界設置 ESP 課程，主要就是用來培養透視力、預知力等心靈感應的心靈力量。美國已認可超心理學是現代科學的一個領域，目前台灣許多學術機構也有從事 ESP 的實驗，並且也獲得具體的證明及結果，如台大就曾在電視媒體上公開其實驗過程及成果。

現今在心理諮商界，也有一種運用現象學方法的家庭排列系統（Family Constellation），由德國心理學家海寧格所開發出

特斯拉在布拉格時住過的斯梅克奇街上的房子。

來自未來的超時代神人—尼古拉・特斯拉

來的，能做到與不在現場者，甚至是與往生及異次元者溝通。此外還有聲能生命科學（Bioacoustics），聆聽宇宙之脈動，是另一項共振最好的應用依據。

有人認為心電感應只是少數特異人士才擁有的神奇力量，其實這是每一個人都具備的能力。心靈是一大整體，如佛學的華嚴經典中所說的「因陀羅網」，萬法與我未曾分離，我們發射出去的任何一個心念，都在宇宙的因陀羅網中交相映射，萬事萬物又互相融通，共同構成一大緣起，處在這個緣起的萬事萬物雖然互相融攝，但是並不影響其中一個個體的自由自在。任一事相都與其他所有事相互相依存，互為主從，因此我們自然可以跟宇宙中其他的一切生命直接進行感應對話。

我們以為對話只能透過面對面用語言溝通，所以只會看到非常狹隘的局部現實，事實上我們是不受這些因素限制，宇宙存在既無起點也無終點，在這一刻就完全能覺知萬事萬物。

有一些動物並非我們所想的不如人類進化。人類經常自詡為萬物之靈，以為有意識的心智是極佳而獨特的，但人類以意識心智的角度，看不到動物意識靈性的複雜本質，因為我們對進化的概念可能是偏頗的。動物的精神感應能力比目前的人類可能更完善。人類

190

第4章／特斯拉的腦內世界及神通能力

需要透過語言及文字是最受侷限的事，我們對別人說的每一個字，接收資訊的人因為是根據他們對字彙的經驗與定義，因而接收到的可能是完全不同的事。唯有透過直接的精神感應，才能完整且正確地傳達及溝通我們正在想的東西，這遠比口頭的說話來得廣泛得多。

我們以為只能用口語說話來溝通，所以有非常大的障礙有待克服。

意識心智無法理解所有的事情，就某種意義而言，也可以說那就是限制，人們在超意識狀態下，才能夠了解意識心智所無法了解的事。

191

見微知著，從宇宙核心汲取資料

特斯拉從小就能夠對複雜的數學題目進行快速心算，此外，他的眼睛能像照相機那樣一目十行地掃描，腦袋能像存儲器那樣記下看過的每一本書。特斯拉確信：「我的創造力並非源於我自身。我發明創造的靈感，來自於宇宙。」

特斯拉的開創性技術足以說明，宇宙中的確存在著某個神秘的數據庫，是保存著這個宇宙世界所有機密的信息場，特斯拉可以進入這個信息場，獲取所需要的一切信息。對此，他說：「我的大腦就是一個接收器。在這宇宙裡面有一個核心，我們所獲得的知識力量和靈感，全是來自於那核心。」

特斯拉所形容的從宇宙核心汲取資料，這個境界即為全知，此直觀是當下現成的，是對於某一存在的個別事物所作的直接觀察，而此個別事物亦直接顯示其具體的完整性，即無須其他認識內容的媒介。這與專就事物形體所抽象而得的抽象知識是完全不同的。這就是佛教中事事無礙的境界，彷彿就是自己與萬物無別，已經掌握了宇宙的核心，能夠辨別萬事萬物的體、相、用。佛經中有不可計數的世界國土可以從一個人的汗毛孔中現出來

第 4 章／特斯拉的腦內世界及神通能力

的內容，無限大和無限小可以沒有差別，能相即相入，這就是「事事無礙」，因此能見微知著，見端以知末。知一滴水，即知全大海水，從最微小的奧祕看到整個宇宙的未來。如現今的奈米科技晶片很小，可以裝上很多檔案；中醫看一個穴位就能看完整的人體；電子繞著質子中子轉，有如九大行星繞太陽，小宇宙與大宇宙有個聯繫關係。只要觀全事之理便能知全事，微觀跟巨觀是一樣的，看小的就等於看大的。

193

特斯拉認為宇宙萬物都是有機生命體

特斯拉認為，宇宙中的所有物質，大到銀河系小到電子，都具有智能，整個宇宙是帶有智能的有機生命體。他能感覺到電子、電流、電磁的每一個微小的量子的意識。他對待電就像對待一個生命，他與他交談，向他發布命令。他說：「我和電磁粒子天生投緣，彼此之間關係密切，我想掌握他們的行為規則，每一個產生電磁效應的基本粒子，都是極其複雜的實體，是帶有智能的生命。從智慧的角度看，他們絲毫也不比你我來得差。與他們交流是一件時時發生，極其正常的事。」特斯拉這段話說出宇宙的每個萬物皆是靈，皆是有機體，並非唯物論者認為的心智只由機率進入存在。因為物質靠它本身，永不能產生意識。

所謂的「有機」，指的是整體中每個部分皆有意識，我們雖然和宇宙是一大整體，但卻是與整體一樣的意識，也就

1938 年 82 歲的特斯拉

第4章／特斯拉的腦內世界及神通能力

是說，我們具有完全一樣的神性與佛性。一個細胞之所以可以看到一個宇宙的真相，這也是因為萬物一體無分別，一個細胞與整個宇宙整體相同，相即相入且圓融無礙。

有機的生命體，可以由完形的概念來說明，完形，又稱作格式塔（Gestalt），由二十世紀初德國學者提出，其貫徹的思想就是「整體大於個體的總和」。每個人的都有兩種認知能力，個體認知跟整體認知，既能看自己又能看整體。也就是《華嚴經》裡的總相別相、量子力學的波粒二象性。波粒二象性說明，從不同角度觀察同樣一件物體，可以看到既是波也是粒子的雙重性質。如道家陰陽相生，是在同一個完形中被建構出來，陰中有陽，陽中有陰。我們可以在世俗諦層面看一個人在現象上扮演的角色，也可以在勝義諦層面看到每個人都有共同的神性與佛性。

完形不是等於而是「大於」，而能有「交流」的關係，而非整合的關係。同一個東西換個角度或視野可以看到兩個不同的東西，但兩個都存在。

我們由心智推演的邏輯推論，會認為整體是等於部分之和，這種以我們意識心智所理解的創造者，自動會推論為與被創造者有不同的能力，如我們認為我們只是造物主的一部份，沒有靠神與佛，單單靠自己是完全沒有能力的。這也就是認為這個宇宙是「無機」的，

意味著：只有上帝能創造萬物，人不能創造，個體沒有能動性。

有機的概念是「大於」，所有的個體都是在同一個完形中被建構出來，每個部分又都有它的整體性，不是被創造而已，每個部分又能創造。細胞不是只是作為部分而已，細胞是會動的。每個部分都有它的整體性，部分與整體有完全一樣的能力，這就是完形。因此，宇宙雖然是部分構成的，卻不是無機的。每個部分皆有意識，而非無心地被創造。

第 4 章／特斯拉的腦內世界及神通能力

十九世紀的特斯拉都已在比我們高的次元，你還以為這個宇宙只有 3D 世界嗎？

你覺得特斯拉所描述的景象以及他超乎想像的發明，是虛無縹緲或難以置信的嗎？

這是一個引人注目的真實故事，發生在一八八六年。在那個交通工具只有馬車的年代，某一天，有一台噴著火、行動速度比馬還慢的機器出現在慕尼黑街頭。此一現象出現，不但馬車店老闆嘲笑發明者買不起馬，路人用石頭打這個笨重又震耳欲聾的機器，認為這個發明不會有什麼前景；當地的交通法也以驚擾行人為由，禁止這個東西上路。而這個當時連馬車都跑不過的機器，卻載著人類跑向了不曾想像的未來。這個機器，就是人類史上的第一輛汽車。

還有一個在我們身邊的真實例子。祖父母說起他們的童年點滴，當時剛問世的電視機被稱為「神奇墨盒」，有非常多的人認為能夠坐在家中，由這個盒子裡看遠方的動態影像和聲音，簡直是一種神蹟般的魔法；他們還回憶起，那時收音機是家家戶戶的生活娛樂重心，街頭巷尾盡是自收音機中溢出咿咿呀呀的人聲、音樂聲。當時的收音機之售價相當昂貴，是個稀有的科技產品，甚至有許多人一直不相信機器可以發出人說話的聲音，認為這

是一種超能力，於是將機器拆開來研究，想知道裡面是否藏著小人。

而當時如魔法般的神奇發明，還有十多年前種種科幻電影中的高科技，如今看來已成日常，為什麼活在科技技術日新月異時代的我們，還會覺得特斯拉的發明及超能力是不可置信的呢？

其實這是因為我們不夠覺知。未來的發展及真實的宇宙，超乎目前的人的想像，正如我們目前在三次元的文明，看不到四次元以上的世界。我們地球目前仍在星球文明的層次，唯有到四次元才能發展星際文明。

地球的次元屬於第三次元和第四次元之間的振動帶。而什麼是次元？所謂的次元，一言以蔽之，就是時空內不同的波動頻帶。萬物都擁有固定的振動波頻。即便你、我，所有的一切，無一例外。這跟是否是物質無關。萬物都是帶有波形、振幅和週期的能量體。

以我們的科學說法，零次元是一個點，一次元是直線，二次元是平面，三次元是立體的空間，四次元是三次元再加上時間參數所形成的進階積面。五次元是所有時間軸分支的可能性（三次元世界構成的面），六次元是在時間軸平面上跳躍的可能性（三次元世界構成的立體），即空間在所有的時間點所組成的無限宇宙…

第 4 章／特斯拉的腦內世界及神通能力

四次元的人類，可以擁有物質性身體與星光體遊走宇宙之間，使用星光體是可以看見並進入四次元的靈界空間的，金星人的能力就是如此。

以佛經當中的天人境界為例，天界、天人是位於四次元或四次元以上的空間。《華嚴經》裡面是佛與菩薩的世界，所以經中隨處可見神通景象的描繪，當中也提到，天人就在人的身邊，但是天人可以看到人，人卻看不到天人。也許有人會有這個疑問，如果真有天界、天人的存在，我們會感覺不到、看不到呢？其實，我們現在就能用意識做到，它一直都在這個層級，卻不為我們所知。由於我們太過專注於肉體及物質層面，所以我們有很大部分仍是沉睡的。就如同生活在二次元的螞蟻，只能知道地板、牆壁等平面的世界，對於看著牠們的我們所處的三次元立體世界卻沒有概念。對任何一個次元的存在似乎都擁有「神」的力量啊！所以在我們看來，特斯拉是神人級別的人物，只是因為我們還沒有看到四次元以上的世界而已。

特斯拉說：「我們的感官只能讓我們感知外面世界很小的一部分。」目前科學所知的物質世界的生命只是大自然生命中的一小部分而已，肉眼所見並非全部，其實只看到了冰山一角。佛經所講的生命卻包含肉眼可察的物系生態眾生及無形的靈系生態眾生，涵蓋了

199

來自未來的超時代神人—尼古拉・特斯拉

有形、無形十方法界諸眾生的生命。宇宙是一個多重次元相互重疊的世界，在我們所處的這個三次元世界以外，還有其他次元世界，及其他次元生命的存在。天界並非高高在上、遙不可及，而是就在我們的身旁，是和我們所處的空間相重疊的異次元空間。我們與天界的距離不在於長度的距離、而在於頻率的距離、而在於精神的距離。隨著我們的意識擴展，會提升我們對周遭世界的感知，唯有我們振動足夠，才能前往下一個次元，提升到四次元的天道。

在目前以物質為中心的科技文明中，我們都以為外星文明必須是發明更厲害的儀器，在可見光的範圍內想出到達這個空間的方法，就能感知得到。然而事實上，真正技術突破的關鍵在於我們擴展的意識，只有當我們將意識調到同一個振動頻率，才能接收更高維度的訊息，並擁有更高維度的變現及物質操作能力。否則即便我們肉體到了金星，振動頻率對應不上，用我們的肉眼仍然無法看見外星人的存在。

第 4 章／特斯拉的腦內世界及神通能力

如何判斷接收的訊息是不是真理？

當今社會上超感知能力的事例俯拾皆是、筆不勝書。鬼也有鬼通，所以我們不能以超能力來認定一個人具有較高的修行。世間人特別著迷於神通，總會想出種種計策利用這個神通，使人成為變相的精神奴隸。那麼，我們該怎麼判斷接收的訊息來源是不是真理，或者說接收的時候有沒有失真？

可以由是否建立在宇宙豐盛的基礎來判斷，如果這個傳訊的人或組織總是要強調你的業障及罪惡，讓你感受你本身是匱乏的，必須要一直還債你才可能開始改變生命，並且強調這些事都已被事先決定，陷入消極的「宿命論」中。匱乏是二元對立的方便說，二元對立並非宇宙的真相，真實的生命在當下每一刻都是完整的圓滿的，不會因為不做什麼就會遠離這個狀態。真實的宇宙訊息會強調我們能夠掌握自己的命運，命運並非註定，而是呈開放、不斷變化的狀態，每一個當下的思想意念都通往了相對的可能未來，整個生命藍圖都可以在轉瞬間被改寫，符合宇宙真相的訊息會強調人本身是有力量的而非無力感。

此外也有以「光與愛」來吸引人們的人及組織，要你回歸你的內在、愛自己、肯定自

來自未來的超時代神人—尼古拉·特斯拉

己、原諒自己等等。這些聽起來都很美好，也似乎符合宇宙的真相，但是卻讓你對那些傳遞訊息的人、組織、系統產生嚮往，創造「交換依賴的能量」，讓你寄託於某個人、某個組織等外在權威才可以「破解」，侷限在他們所提供的自由與愛之上，這或許能夠提供暫時解決眼前的問題、體會短暫瞬間安樂感的幫助，但若是沒有聚焦在自身的生命蛻變、啟動覺知和觀照意識，最終不是找回你內在心靈真實的力量。

不過，在某個階段會被某個人事物所吸引，也可能是此人現階段所需要的生命體會，除非我們了解其背後的因緣，否則對於他人的生命課題，我們也無從置喙。

也有一些強調使用物質儀器能驗證你的能量程度與神通能力，只要使用了他們的儀器便能開悟，甚至讀取到多次元的訊息。我們地球人類常常認為這些發明就像表演很稀奇厲害，但是對於更高維度的外星人來說都只是玩具而已。這些儀器或許能讓你容易進入一個狀態，但是一切有為法所造成的定境，都不是真正的定境。畢竟這些儀器是我們意識心智發明的，並不是更高維度的東西，就好像以人雕刻的木頭佛像來向他人描述佛的真實樣貌一樣，這些心智層面的證據又與認知者的境界有關。由儀器所呈現的現象去分別他人的修行高低，也是心智的比較與判斷，所以是著於相。

202

第 4 章 / 特斯拉的腦內世界及神通能力

將四次元以上更為整體的真相化約到三次元裡衡量，也是在人為的意志介入中，一旦我們在做比較與判斷，看到的現象就會因為我們的執著而有所投射，而非真實的樣貌。不屬於地球的能量，來自遠高於地球能量所能企及的層次，我們可以用內心的慧眼覺知它的存在，純粹只靠收取印象的官能，何能窺其涯略？

真正的神通感應，是一種法性上的疏通，最終目的就是為了要與法性相應，是將與真理相應的頻率、甚深及本來如是的道理，如實、順利、無礙地呈顯出來，履行於生命當中，真正相應之後，是會無所求於組織、系統等外在力量的，也不會對現象產生執著，這才是真正的感應。

遠高於人類感官所能察覺的層面，隨著人類振動的提升，如前面所述萬物皆是有生命機體，因此被製造出的機器和設備也在提升它們的覺知，所能偵測的能量層次會自然地被提高。

一旦有了語言文字，傳達的訊息就開始失真

地球人類在高度文明的亞特蘭提斯時期，是有他心通能力的，心電感應是溝通最直接的方式，並且能保證訊息接收無誤。當時的人們也由於具有清淨心，因此擁有這些能力。

當亞特蘭提斯人失去他心通的能力時，開始發展出語言，但因有無限記憶力而不需文字。開始時人類失去他心通的能力，所以人與人之間的溝通就沒辦法進行，必須要透過發出聲音來彼此溝通，所以那時就發展出語言。亞特蘭提斯時期沒有文字，因為文字的作用是怕忘記，需要有一個輔助我們記得的工具。於是我們發明文字，把想法、說的話記下來。

那時人人擁有接近無限的記憶力，人人都記得所有聽過的話，不需要有一個輔助的工具記下來。對於轉述給後來的人或不知道的人，對方也能記得。

我們很習慣目前的溝通的方式，所以會認為用文字才能記得保存，但其實文字只是工具之一。傳統的神祕學一定要以口傳耳的密傳方式個別傳後，我們可能會用各種方式去解讀，不一定是原來的意思，語言是線性的，是因為書寫本身就具有二元性，可以被各個人解釋成不同的意義，或是自動認為是二分的意思。佛教的《解深密經》

第4章／特斯拉的腦內世界及神通能力

裡提及，迷惑的眾生都將語詞跟事物畫上等號，真理是離文字相及離言說相才能認識得到的，因為確實情形不等於語詞的解讀，不等於分別的概念。所以一旦有了語言，傳達的訊息就開始失真。

神通是自自然然的事，沒有什麼轟動性價值？

心靈感應是更高維度的文明日常用來溝通的方式，預知力也是很平常的能力，他們不但能夠看見未來，也記得過去，還可以用念力來移動物體，甚至知道如何回到過去或是前往未來。

《華嚴經》是佛開悟境界對佛菩薩所說的經典，已經超越第三維度，所以整部經典全部都是神通狀態，但是經中也描述一般人卻不能見、不能聞，怎麼思惟都理解不了那個境界。然而佛陀卻不以神通當教材，因為神通不是目的，而是副產物。神通也並不稀奇，只要修行到一定程度，都會有些許神通，小悟有小神通，大悟有大神通。但是人能以肉眼看見的通常都是小神通，大神通境界並非由我們世間的法則所能判定的，有定力的修行者一般情況下也不會隨意將他們這些能力展現出來。

有一些人感通到高靈、神、天使等，這種事情在宗教修行中慣常存在，就算是在境界裡看見佛、菩薩、神也不必驚奇，這都是意識的變現，都是心靈空間的靈性化現。佛經說凡所有相皆屬虛妄，一切落入形式的資訊都是不究竟的，是暫時的化現。東方哲學所謂的

第4章╱特斯拉的腦內世界及神通能力

理一分殊，指不同境界的人會看到不同的畫面。然而真正的實相沒有什麼形體，無形無相，是不可見的能量和光，沒有什麼音聲，沒有什麼物體存在。

有些人不斷追求神通，其實透過次元進化過程，不用刻意追求就會自然發生。有些人這輩子會神通，是因為他從高次元降生下來，但這也是曾經修來的，並非透過某種加持、大病一場，或是突然開啟了某種被封鎖的能力。若認為神通是最終的目的及修行標準，就像追逐世間的成功目標一樣，心外求法而遺忘了本心。

《莊子·逍遙遊》裡有句話：「至人無己，神人無功，聖人無名。」真正有開悟成就的人，自然而然，不彰顯自己，也不會為自身神妙奇特的能力而感到卓越優異，所謂：至人只是常。因為他們已經不著相，所以他們才有更高的境界看到更為全面的境界。所以我們就算看到什麼，其實不必感到驚奇，而是要專注於對人的生命意識的啟發。執著表現神通的人，就像在回家的路上看到好玩的東西，這些在路邊玩高興了的孩子，卻不知道家裡真正的無限風光。人只同返回天性，自然會連結到我們本有的超能力。因此，人們不必對神通產生特別興趣，應該將焦點放在其中的對人的生命意識有啟發的哲理，開啟我們靈明的覺知。

207

來自未來的超時代神人—尼古拉・特斯拉

人原本是無所不知、無所不能的，因為與執著而看不清楚、能力受限

其實我們所有人都具有全知的能力，何止是神通，而是能夠看到什麼就能直接看到事物本身。我們每個人真正的內在是對甚麼都清清楚楚的，人之所以不能認識真正的存在，乃由於虛妄的意識，悄悄地把工具的觀點滲進了人之認識。對世間的貪戀形成執著，把神通當成目標，神通能力會是有偏限的，比如有些算命師、諮商師的目的在於錢及成就等其他工具目的，他們的判斷經常失去準確度。當我們被現實纏住時，就不會清楚地去看現實。也因此分別與執著會遺忘我們的超能力。這就是為何有一些平時很明理的人，因為執著某一件事情的得失，就有所謂的當局者迷，看到的事物皆有自己的投射，而無法看清事情的真相。所以開悟境界是無分別且無執著的。

本心是人人本具的，因為客塵所蒙蔽，妄想所覆，此時看到的事物有所偏差。特斯拉不被外在的慾望及價值定位去填滿，他的內在並不缺乏、不空虛，所以不需要同流合汙與反擊，因此不失自性清淨，特斯拉之所以有遠大的志向，能清楚看見遠方，也是源於他這清明沈穩之心。

208

第 4 章／特斯拉的腦內世界及神通能力

無干擾的心容易觸及實相

在佛學修行裡，心愈是清淨愈是能有本來具有的感應能力，特斯拉為何擁有特殊的能力，就是因為他具有清淨心。特斯拉對此的說法是宇宙統一信息場，在沒有自身干擾（比如電壓正常，電路正常，周圍沒有雜波干擾）的情況下，接受器處於高度靈敏狀態，可以隨時接收到空間裡面的各個頻率所傳達的訊息，然後通過揚聲器表達出來，但聲音機頻選擇，在佛教當中也許可以這樣理解，特斯拉是可以隨時關閉眼六根意識，擯除自身外只是純粹的接收，不能發送，只能單向溝通，選擇不同音頻訊息的話還需要人為手動去調界意識干擾，去接觸到實相。

也許是關閉了外界的干擾，心的方面高度靈敏，可以接受到一些的常人無法知道的訊息，這些海量的訊息被特斯拉特殊的視覺和聽覺能力在腦海裡清晰地表現出來，以及到可以有意識對這些接收到的信息進行篩選、規整，並且有意識的訓練把未解決的問題帶入的進入宇宙信息庫進行搜索，找到需要的答案，類似於網路的上傳和下載功能。

特斯拉的這個能力，也像是亞特蘭提斯文明的社會中屬於最崇高地位的「智者」。整

209

來自未來的超時代神人—尼古拉・特斯拉

個社會的運行，必須靠智者通過心靈感應接收。他們有特殊的接收能力，這與衛星接收站相似。他們非常精確，並且他們的工作只是坐在那裡接收從其它地方傳來的信息。他們之所以精確，就在於他們擁有清淨心，有比較高的心靈能力及振動頻率。智者感官敏銳，對所有萬物的狀況相當透徹理解，可以為人指點迷津，傳遞天象預知未來，將一切人、事、物導入最和諧、最適當的位置。在亞特蘭提斯的整個社會，孩童們的志願不是當官賺錢，反而是想成為一位心靈崇高的「智者」。

1935 年 7 月 10 日，特斯拉七十九歲生日那天，他在紐約客酒店舉行的記者招待會上的一張照片。

「忽然，我開始擺脫我所熟知的小天地的束縛，本能地開始我的思維旅行，看到了從未見過的新景象。剛開始，我只能看到一些模糊的無法辨認的影像，當我努力集中注意力在它們身上時，它們飛快地從眼前閃過。但是，漸漸地，我能把這些圖象固定下來，它們變得清晰可辨並最終呈現出真實事物的具體細節來。不久我就發現跟著自己的想像縱橫馳騁時最舒服不過了。於是我開始旅行——當然是

210

第4章／特斯拉的腦內世界及神通能力

在大腦裡。每個晚上，有時甚至白天，當我獨自一人時，我就開始自己的旅程，看見不同的地方、城市、國家，有時定居下來，遇到不同的人，互相了解並交上了朋友。然而，令人無法置信的是，他們對我真誠而友好，就像在真實生活中一樣。他們所有人都生活悠閒，與世無爭。這樣一直持續到我十七歲時，從那時起我開始全身心地投入到發明創造中去。」他同時還聲稱過：「我只不過是一個被賦予了運動、情感和思想的『宇宙力機器』。」

只要願意，他都可以進入這種狀態，他說過他能在任何時候關閉所有連接外部世界的意識，進入一種狀態，讓他具有了內視能力，讓各種構想在腦中得以完善，直至完美。在把它畫在圖紙上之前，整體設想都是在大腦中完成，利用大腦對構造進行修改，做一些改進，然後進行試運轉，「對我而言，不管是在大腦裡測試，還是拿到車間裡測試，效果都是一樣的，以這種方式完成發明一直很奏效。」他不需要進行數學運算，無需列出方程式，就能直接看到事物的本質。

超感知能力在肉身層界是受到限制的，因為我們日常居處的物理世界祇不過是真理的浮光掠影，唯有我們打磨自己的心境，使它圓明澄澈，脫離物質及有形層面愈遠，這種分

211

野就會愈見消弭，直到萬物全部沒有分別為止，這時就能夠顯映出真理的本原形相。

當我們了悟到最真實的本性，就會明白自己與他人其實是同一本源，無分彼此。佛教中的般若正智是泯除自己、他人和外界差別相的統一心境。由於這個宇宙性的智力，我們將可以洞察生命和自然的秘密，並發現自己與所有生物脈絡相通結合成一個有機的整體，也能夠真切地體悟到同體大悲的旨趣所在。

第五章 未來的靈性科學發展,以新世界觀做爲導航

來自未來的超時代神人—尼古拉・特斯拉

"If you want to find the secrets of the universe, think in terms of energy, frequency and vibration."

"The day science begins to study non-physical phenomena, it will make more progress in one decade than in all the previous centuries of its existence."

——Nikola Tesla

「如果你想要了解宇宙的真理就要開始思考這一切都和能量，頻率，共振有關。

如果科學界開始研究非物質領域的現象，在十年內所取得的進展，將會超越人類此前幾個世紀所取得的所有成果。」

——尼古拉・特斯拉

第5章／未來的靈性科學發展，以新世界觀做為導航

能源有限與適者生存是錯誤的觀念

我們普遍認為地球上的資源是有限的，人類遲早會有一天面臨地球能源枯竭的問題，為了使人類繼續傳承延續下去，我們必須奪取與競爭，因此很小一部分的人掌握了絕大多數的資源、土地、工廠及全世界的金錢，犧牲大多數人的利益讓少數人占盡好處。而金錢就是用來進行控制的工具，操縱在極少數人的手上，掌握貨幣的人就可以掌有權力，我們已經不了解這些對整個世界的控制究竟到了什麼樣的程度。

適者生存是以競爭爭取生存或優勢之概念。人類陷入對資源匱乏的恐懼，陷入衝突和混亂，形成永無止息的爭名奪利，在生命、財產、權力及領土競爭，小至包括社團、社區，大至國家，甚或整個世界、整個星球。好似被其他人先佔取了，我們所擁有的部分就少了。因此為了爭資源而爭取地位，這就是生存競爭的惡性循環。這樣的文明在地球上興盛了好一段時間，就也是自無始以來，世界老是在騷擾動盪的原因。

特斯拉的「自由能源設備」說明了我們所需要的宇宙能量是免費的、取之於自然而且豐盛的，甚至是用不完的。當我們文明提升到更高次元，在真實的星際文明，沒有任何資

215

來自未來的超時代神人—尼古拉・特斯拉

尼古拉・特斯拉，攝於1900年。

從特斯拉的經歷中，我們也看到靠能源產業賺錢的人，只考慮自己的商業利益，所以就算接下來還會有人製造出「自由能源設備」，這些發明都被我們的社會抹殺掉了，免費資源的使用遲遲無法實現。

源是稀缺的，宇宙資源都為每一個靈魂所共享，高級的文明從不需要為生存去奔波勞累。如果我們能明白自由能源的意義及宇宙豐盛的真相，我們自然就不會與他人爭奪。競爭的念頭好就比一個人缺乏食物充飢的人，為求生存自保或被奪走僅有的食物；但是一旦明白食物吃完還有食物，多到吃不完，自然大家都可以分著吃。

第 5 章 ／ 未來的靈性科學發展，以新世界觀做為導航

三次元人類思維將繼續尋找方法摧毀彼此和這個星球

地球近年來陷入核能污染及能源危機，威脅人類的健康和地球的存亡，最終最大的輸家還是我們自己，因為我們每個人都是作為一個整體而存在的。我們都是整體的一部份，因此我們的思想、頻率與振動均會影響整個宇宙中的每一個生命個體。視為其他個體分離分裂的思想，在佛教裡叫做「自他分別」，是一種錯誤的知見。

在一體的思想中，一切作為整體是一個無限宇宙意識，一個無限的宇宙力量能源，而周圍我們看到的分離是一種假象。目前我們建立的物質文明，是奠基在視自然萬物為絕對孤立系統之上的，而這個世界變得愈文明，它的社會結構與作為，就會把它與自然的密切關係分得愈開。因此在目前社會，環保之所以推動困難，不是因為宣傳不夠，而是我們不明白自己就是整個宇宙、傷害自然就是傷害自己。傷害別人就是傷害自己，這也是特斯拉自述的一

國際特斯拉組織。世界上所有的核磁共振儀都是用特斯拉組織校準的。

來自未來的超時代神人—尼古拉・特斯拉

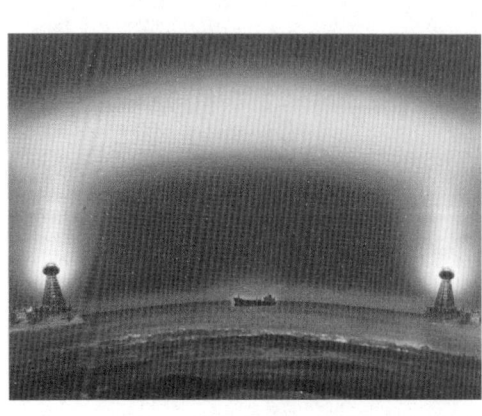

體性感受，他完全明白自己與他人是一個完整的有機體。

我們的真相是在全息架構中一大整體，我們在某個特定範圍的感知領域中，與其他個體分離開了，失去作為整體創造一切的潛能，在這個領域中，去建構所謂的現實世界及生活，我們覺得我們無力且孤單，遺忘了生活，甚至摧毀了生活，構成了蒼白和獨我的文化。

一大整體的思想，不是指我們如機械化的複製人一般，所有人仍然從不同角度體驗這個世界，這也是分離的意義，為了體驗多樣性與不同個性的美，創造所有可能並殊途同歸去理解我們每個人與其他個體及世界的聯繫。

就如同特斯拉所具有的宇宙疼痛，靈性的文明，是我們既分離，又不遺忘將自己與環境中的一切保持連結，能夠觀察植物、動物、人類及其他萬物的能量，知道植物與動物、周遭的一切的需要與感受，內在清楚連結，明白傷害任何事物就是傷害自己，能夠看到一切內在與外在的能量，深入到內在的結構。

特斯拉的想法是通過電離層傳輸的高頻電照亮海洋。摘自 Branimir Jovanovic 博士的《特斯拉》。

218

第 5 章 / 未來的靈性科學發展，以新世界觀做為導航

近百年的科技發展其實不是進步，而是退步？

現今的科技發展出現了假象的進步，雖然近百年的科技發展之快令人目不暇接，但是科技這把雙刃劍，在人類用它改造世界的同時可能，也會傷了自身，讓未來的世界充滿了不確定性和巨大的風險。

目前的物質科技截取自然資源，合成再製成物品、醫療品等等，無論是量子、分子、粒子核融⋯，都沒有能力憑空創造「原體元素」。東西愈是經過製造，和改變原始形式，愈是和宇宙失衡，也失去更多振動。如果我們從地球取用東西，使用時並沒有大幅改變它的分子構造，那麼它在能量層面仍是協調的。使用一次性的能源，只會縮短地球的生命，截取自然資源而無法讓自然資源再生，是自絕生路。

因此我們的文明看似進步，但在本質上，卻是一種退步。在科技高度進化的星球上，能源的需求主要是由電磁力、太陽能、等離子體來供應。亞特蘭提斯的科技比現代文明要進步許多，但是他們最後也因為科技進步的速度，遠遠超越了靈性的成長，失去了和內心的連結，導致失控。不過，即便在最糟糕的時刻，他們仍然拒絕使用石化燃料，因為他們

219

來自未來的超時代神人—尼古拉·特斯拉

知道那會造成地球極大的損傷。

如果我們沒有在心靈上有足夠的覺知，就算不斷地開發新的科技文明，這樣的能力很容易就會被誤用。因此，沒有提升自身的振動，就不會有更先進的科學，也發展不出純淨的能源、開創無染永續的生存空間。所以發展新科學的過程，不能夠忽略靈性提升。未來可以不再需要仰賴核能、石油、天然氣，地球成為一個乾淨無汙染的淨土，這樣的地球文明，才是真正的進步。

第 5 章／未來的靈性科學發展，以新世界觀做為導航

唯有物質為真的假設已不敷所需，典範應該轉移

特斯拉說：「我們的感官只能讓我們感知外面世界很小的一部分。如果科學界開始研究非物質領域的現象，這個世紀的進步會超越過去的所有紀錄。」

當代的主流科學主張物質與心靈是毫不相關的，物體被視作真實存在，且獨立於主體以及我們觀察它們的方式之外。我們能夠從科學了解為什麼天空是藍的、樹葉是綠的，然而，我們卻從來沒有因此而發展我們的靈性本質，沒有從廣大的存在本身去理解生命，只是從自然科學之物質規律去界定人。

很長一段時間，在我們的社會裡，宗教（泛指探索內在心靈此一概念的廣義定義）與科學表現為一對對立的矛盾，我們把宗教與科學看作是對立的。宗教與科學之間分別都相信對方與它所選擇運作的方式是截然相反的，因此害怕與對方合併、融合以及平衡，因為擔心這會讓它們失去它們擁有的視角。這就是為什麼在我們的社會裡有時候這兩種觀念之間會有衝突的原因之一。

然而科學與宗教從來就不是兩件事，這彼此對立的極性概念其實來自於同一個源

來自未來的超時代神人—尼古拉・特斯拉

頭、同一個能量的變體。哲學家方東美教授（1899－1977）認為：「宗教與學術，似是互斥而不相容；從深知其意者來看，則知此二者可以互補而互相發明。佛教其教義之絕大部份，皆可從哲學，作深入而極為清晰之解釋；因為偉大的宗教，必皆是合乎學術上的真理。」科學的盡頭是哲學形上學（Metaphysics：物理學之上），而哲學的最高領域是宗教，宗教領域有高深的哲學理論基礎。自古希臘以來，科學與哲學、宗教是不分家的，從佛學圓教的《華嚴經》的觀點來看，主體及客體是一個連續體，真正的心靈與真正的科學是同一件事。這也是華嚴境界的「理事圓融無礙」，在本質上彼是相因、交融互攝、旁通統貫之廣大和諧系統。生命的概念統一了物質與精神、物質與能量、粒子與虛空、間斷性與連續性，時間與空間，主體與環境，是真正

金星特斯拉：結束戰爭的機器。hello-earth.com 金星-特斯拉連結 Venus Tesla Connection，Liberty 雜誌，1935年2月9日。

第 5 章 / 未來的靈性科學發展，以新世界觀做為導航

圓融的，不是互相割裂的。所謂的無明，就是認為有主體及另一個分離客體的存在，同時這也是目前科學的特色之一，只從客體——物質面向來理解。探討知識論時，基本上假設了「能知」和「所知」的區別，這區別是一理論上的概念構作。而任何理論的構作，已不是原始的「能知」狀態，且有了理論分際和定義的界限，形成了一種定性和定向的思考，因而也產生其構成的觀察和解釋角度，並不能排除偏見。心靈的原初狀態，是理論與任何先前結構之前的無結構狀態，在未形構理論前的心靈，猶如反映世界的一面明鏡，萬物才能清明，如其所是。這時候看到才會是事物本身。特斯拉的科學發現與創見，來自於他清淨的內在能力，回到心靈的原初狀態，他因此而能清楚看見事物的真相。

佛教所說的「所知障」，一般人說成「知識障」，認為知識分子必然傲慢自大，有無法聆聽他人意見及學習新知障礙的習氣，事實上這評斷本身可能也是一種所知障的作用。「所知障」的真正意思為，只將客體當作真實，眼見為憑，因此在現象、物質上做分別來認定事物的真相，由於只認同這意識心智的分別，形成了上升到更高意識的障礙。

科學史是一個典範取代典範的動態歷程，這樣的歷程稱為「典範轉移」。目前已經有一些擁有先進概念的物理學家已提出主張，認為當代科學「唯有物質（由原子或基本例子

來自未來的超時代神人—尼古拉・特斯拉

所組成）為真」的假設已不敷所需，需要有新的實相假說。主導科學數世紀的物理唯實論或物質唯實論假設唯有物質——由原子或基本粒子所組成——為真，把物質與生命割裂開來又想拚命加以統一，卻又統一不起來，如此的科學是永遠也無法認識真正的本質規律。在儀器之外，還有一大群電磁範圍看得到的事物，它無法理解事物所來自的能量範圍。因為儀器是我們意識心智設計出來的，它符合了我們意識心智的感知範圍。因此，沒有改善自身的認知條件，也達不到對更高層宇宙真相的認識，為了認識更高層的宇宙，我們必須超越當前科學的限制。

亞特蘭提斯文明的學校教育，教孩子練習將心思集中在一個蘋果上，蘋果便會掉下來，這樣的操作能力也與靈性的發展有關；這個文明裡的婦人們能夠彈彈手指，讓餐具從廚房另一邊飄浮到自己的手中。他們也使用意念蓋建造交通工具，這就是靈性與科學是不能分離的例子。

未來的科學應以「靈性」為中心去研究才對，而非始終圍繞著物質去研究，若把整個宇宙當成一個單一的物質領域，對物質本身、對物質與物質之間的關係研究得再多，也無從真正認識宇宙的奧秘。而我們需要以新的世界觀作為新的導航，讓科學與心靈將有機

224

第 5 章／未來的靈性科學發展，以新世界觀做為導航

會融合且平衡它們的視角，人們能夠經由對於自身內在實況的理解，去理解宇宙及物理世界。

沒有靈性的發展，就不會有更先進的科學，發展更高等、更進化科學的過程，不能夠忽略靈性。這就是特斯拉所要表達的：「自科學界開始研究非物質現象的那一天起，在十年內所取得的進展，將會超越人類此前幾個世紀所取得的所有成果。」

地球覺醒的時刻，答案都在共振裡

尼古拉・特斯拉很清楚地球的電磁場中能量振動的關係。他知道，這些原始能量振動總是可以被引導，並轉化為可以想像的任何類型的能源。「共振」，就是解開這些奧秘的關鍵之鑰。

特斯拉曾說：「如果你想要了解宇宙的真理就要開始思考這一切都和能量，頻率，共振有關。」的確，這世上仍有太多難以解釋的事情，但為什麼特斯拉會堅信「若想要找到宇宙的奧秘，要從能量的頻率與振動的角度來思考」呢？

當我們每天結束了一天的行程回家後，很多人會坐在沙發上，拿起電視遙控器打開電視，你可以收看眾多電視節目中的任意一個，在任意時間內，這些節目都同時存在，但是你只能收看到你調台選擇到的節目。物理現實也就是如此精確的全息構架。外在只是反映我們的內在狀態，你集中的振動頻率，你會發現自己被已經身在那個世界的人們包圍，他們代表了一種振動。宇宙中所有的一切都來自於物質和思想的共振，任何事物，包括你的思想、你的頻率、你發出的電波都是振動源。聲音，圖像，身體的感知都來自振動，宇宙

226

第5章／未來的靈性科學發展，以新世界觀做為導航

是全息的，振動即宇宙本身。

什麼是頻率？頻率其實就像我們聽廣播一樣，要轉到特定的頻率，才能收聽某一個電台節目。而萬物，乃至於我們人的大腦、五臟六腑都擁有有不同的頻率，頻率相同的就會相互吸引，反之就會排斥，這也可以說明為什麼人與人間會有臭味相投、物以類聚的情況。

愛因斯坦著名的質能方程式也告訴我們，有形或無形的物質是由能量振動而成。「共振」能將萬物相連的物理現象，同一個頻率的振動，會產生一種共振的力量，進而改變既有的物理現象。

宇宙的奧秘跟能量的頻率與振動，從醫學的角度來看，已有許多的實證研究說明，頻率是我們身體各器官傳遞訊息的方式。像是知名的神經外科醫生、史丹佛大學教授卡爾‧普利貝拉姆（Karl Pribram）認為，我們的腦部是透過振幅與頻率語言在與身體其他部位交談。根據他的理論，當我們看到某樣東西時，大腦中的神經元便會開始以一種特定的頻率共振，並將這個頻率訊息傳遞給其他神經元，藉此讓整個身體各部位進行同步的反應。

繼續以電視節目為例，如果你調到頻道二，就不能接收頻道一的節目。你必須調到頻

227

道一才能看到頻道一的節目,即比喻你想要體驗的那個現實。如果在生活中,你的情感、思想、行為舉止等等,都沒有體現出你想要體驗的那個現實的振動,那麼你就不能真正感知到那些能帶你轉換進入那個現實的任何機會。我們可以藉由改變振動頻率,創造這種振動並轉換進入這個現實。從萬物皆振動開始,再到頻率共振,進而改變物質,整個邏輯脈絡不僅有跡可循,更可能是開啟我們對未知事物認知的關鍵之鑰。

第 5 章 ／ 未來的靈性科學發展，以新世界觀做為導航

地球的意識必須進化到一定的程度，才能獲得並運用真正先進的科技

有些人總有這個疑問，佛與菩薩或是更高等的文明真的存在，並真的擁有這麼先進的科技及神通能力，為什麼不幫助我們呢？

高等文明對我們的幫助，是無法干涉我們面對課題的因緣的，因為他們不能只是把所有的技術資訊強灌在我們身上。就好像我們教導小孩一個觀念，不論他自己本身嘗試了之後是成功或者失敗，過程是好是壞，他都必須得自己體驗，才能夠真正地理解並運作。好比你可以帶驢子來到水槽，你可以把牠的鼻、口壓進水裡，但你無法代替他喝水。

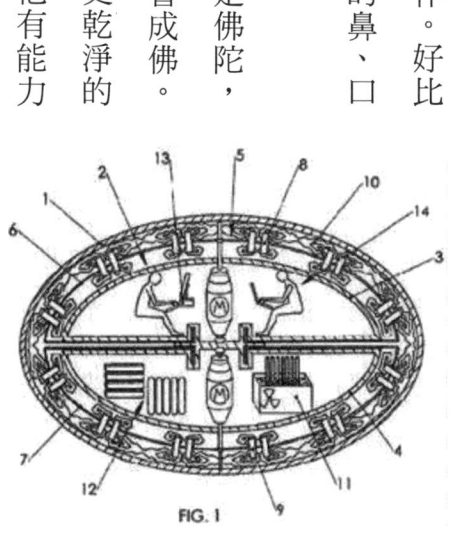

每個人都可以一出生就是基督或是佛陀，如《法華經》裡所說的，每個人都將會成佛。

對於特斯拉來說，他可以傳授給我們更乾淨的能源這類的解決方法、步驟或公式，他有能力

FIG. 1

建造一艘類似 UFO 的反重力太空船，也許這個目標太高了，特斯拉等上個世紀其他科學家緊隨其後，但要達到這個目標還有很長的路要走。

來自未來的超時代神人—尼古拉・特斯拉

發明出設備載著我們飛翔，而他的想法不是去製造飛行設備，而是去引發每個個人，在自己的翅膀之上重獲自覺。因為若不是如此，會等同於將核子武器交給小朋友一樣。

第5章 未來的靈性科學發展，以新世界觀做為導航

透過提高你的振動頻率，地球就能獲得療癒

一些高等文明也對地球上的一些科學家解釋了如何快速地在星際之間穿梭往返的原理，但是，地球人類至今為止，還沒有人完成過這項實驗。

真正的原因這是我們還不到適合的能量層次，所以以目前使用的科技，永遠不可能發現真相，因為不是同一種無線電波。外星文明通訊是使用自然界的力量，比如伽瑪射線或宇宙射線，是利用自然現象，而不是刻意產生的，這和地球上所做的不同，地球的意識必須要進化到一定的程度才能獲得並運用這些知識。這一些星際科技原理交給我們地球人類，就像我們把代數的書拿給才進托兒所的三歲小孩一樣毫無意義。所以真正的帶領與幫助，是以「意識的擴展提升」為核心重點。佛陀、基督等，都是經由「人類對這科技的理解的演化過程」在帶領我們。因為，當人們意識提升，政治、經濟、教育、宗教、哲學、醫學、環保、科技…等所有的生活議題和面向，才都會隨之提升。當我們的意識擴展、覺察力提升後，我們的振動頻率便會提高。不過，雖然我們這股能量還沒有決定要體驗這些事，所有我們認知為負面的發生，也全部都是屬於我們學習的必經歷程，從更大的角度來

231

來自未來的超時代神人—尼古拉・特斯拉

說，這些發生也都有靈性進化的良善意義。

我們擁有更多的技術資訊是沒有意義的，因為我們無法沒有足夠的振動，創造對應的現實版本。也可以說，與我們不同等的頻率，對我們來說都是不可見的。

第5章 未來的靈性科學發展，以新世界觀做為導航

宗教與靈性是同一件事嗎？

提升振動頻率，發展我們的靈性本質，指的是我們要依附一個宗教信仰嗎？其實，比起宗教信仰，更重要的是我們的靈性觀點。

擁有靈性並不意味要成為一個虔誠的教徒，過著如聖人般有無限美善一絲不苟的生活，而是關乎到我們對生命和宇宙的基本了解，以及對自己身在其中的覺知程度，從認識自己每一個真實的起心動念提高自己的振動。

目前有不少的人對宗教的定義及追求，是在學習符合一個宗教組織的文化與規定，接受了某個派別的規定，你才能成為某某教徒，對於有其他不同的派別，無論是否帶出宇宙的靈性真相，都不能去看。然而，這不是心內求法，而是在崇拜權威。我們可以透過宗教組織、教條去找回內在的本心，透過對於自身的覺知生起戒律，而非全然地以律制心，重點在於覺知那與你內在本來如是的真相相應。

在這當中，更為嚴重的問題是衡量和比較。在既有的規則裡打轉，成為習慣性，只是腦部自動的反射活動，這樣的用腦不是真正的覺察，只是在既有規則下，被外界刺激而自

來自未來的超時代神人—尼古拉・特斯拉

動運算的過程，而產生了我高你低、我有修行你沒修行、我是某某教徒你不是，自動運算好壞、是非、善惡、喜惡等判斷人事物的規則。真正的靈性是覺察，是認清這些腦中的規則。

只要還是追求來自於外在的力量，只要還是在用頭腦比較，就無法超越意識心智的作用。人類所去定義及規範的宗教經常會淪為人為的框架，最後只是淪為勸人為善的教條法則，這雖然是對社會和諧的貢獻，但是對於根本層面的蛻變、啟動生命的覺知與觀照意識卻是無關痛癢。

靈性和自然法則非由人所制定的規則，個人體悟向來是地球宗教和靈性方法中所缺少的，佛陀在臨終前曾對弟子說：「以自己為島，以法為島。」佛陀的觀念是依法不依人、依智不依識，唯有自內證才能開悟解脫。如特斯拉所傳達的，依賴知識的行動就是一種侷限，以洞察力來觀照自己，不要透過知識來看自己，在這種情況下就沒有權威的存在。

人為的教條、外在的權威，若沒有轉向內心，就還沒有脫離意識心智，找回內在的神性與佛性，離特斯拉的神奇境界也就仍然很遙遠了。

234

第 5 章　未來的靈性科學發展，以新世界觀做為導航

體會萬物的愛及學習如何觀察

宇宙本身是一個巨大的能量系統，萬物皆由能量組成，且不斷地向外散發能量，但人類要提升能量，首先須提升對美的感受，亦即要對萬物之存在都覺得是美麗的，要感謝萬物之存在，可在日出、日落時練習觀察植物之光，多接近大自然。其中尤以原始森林之能量最高。

吃東西時，只要懷著感恩、體會當下宇宙及自然萬物的心，就能增強能量，吃自己以愛心種植的食物最有助於增強能量。一旦我們增強能量之後，我們就會更珍愛地球上高能量的寶藏——樹林、河流、與高山，體會萬物的一體性。同樣的，人是能量，要對眾生有「愛」。須知「愛」並不是一種觀念或美德，它是當你與宇宙能量連結上時，信任宇宙萬物，活在豐盛當中一種自然的情感。人類會在這些經驗中了解到人類與宇宙本為一體，這種經驗即是結束人類爭論之鑰。

我們的愛能讓我們恢復人類久遠以來失去的對能量的觀察力。這並不代表我們要時時檢討自己沒有懷著感恩的心、正面的思想而批判自己，接納自己的念頭與各種狀態也是散

235

來自未來的超時代神人—尼古拉・特斯拉

發一種愛的能量。

我們應以覺醒的心態看身邊發生的每一件事。事實上，沒有任何事是偶然發生的，我們所遇見的每一個人、每一件事都帶給我們一個訊息，我們必須在這件事中找到它的意義，即許多我們找尋的答案來自身邊的人與所遇到的事。我們可以經常靜坐或獨處思考，覺醒到自己是誰？來這裡做什麼？來世間一趟可以實現什麼自我價值？

有感應能力、預知能力，或各種宗教的神秘經驗後，事實上只要我們願意練習重建與宇宙能之管道，這種特殊狀態是人人皆可達到的。最重要的是要以旁觀者清的心態來看所見之事，並探究事物本後的本質與核心。

此外，年齡是幻相，對於任何人包括孩童，不要預設什麼年齡該有什麼樣的作為或觀念，及認定年齡與智慧成正比以前輩的態度來教育他們，這往往是我們自己的限制性信念，因為每個人都是無始劫以來的生命，有不少孩童的轉世人格可能是高僧大德，也可能是你過去世的前輩。要待他們如同成人，談話時要與他們共談，和他們談論每一件事的真相。這麼做也代表我們不受到時間的束縛，當不受到時間的束縛，心的能力就超越線性時間，我們更能從時間中解脫了。

第 5 章／未來的靈性科學發展，以新世界觀做為導航

以新的世界觀做為導航，地球也可以成為極樂世界

透過靈性的能力帶入科學，證實靈性與科學為一體，沒有靈性就沒有科學，科學是為了體現靈性而存在的知識與技術。這將帶給我們對地球新文明的希望，我們的地球自然會受到整個環境下的共振影響，進而產生一些有形、無形的改變。

當我們文明的整體達到了某個適合的能量層次，對上頻率了，這些失去連結的，包含我們的心靈與靈性的天賦、心電感應、心靈傳送、顯化的力量、靈視力、超聽覺力、自我療癒以及所有等待著我們的力量，全部都會重新引導回自己身上。我們和這個地球，以及樹林、河流、與高山、鳥兒、狗，一切事物都沒有分別，我們全都是一體的。然後，在地球上，純淨無染的極樂世界，這一切將會自然地發生。

來自未來的超時代神人—尼古拉・特斯拉

特斯拉的無線世界系統，把地球變成一個巨大的動力，1911 年 3 月《紐約美國人》。

第 5 章 ╱ 未來的靈性科學發展，以新世界觀做為導航

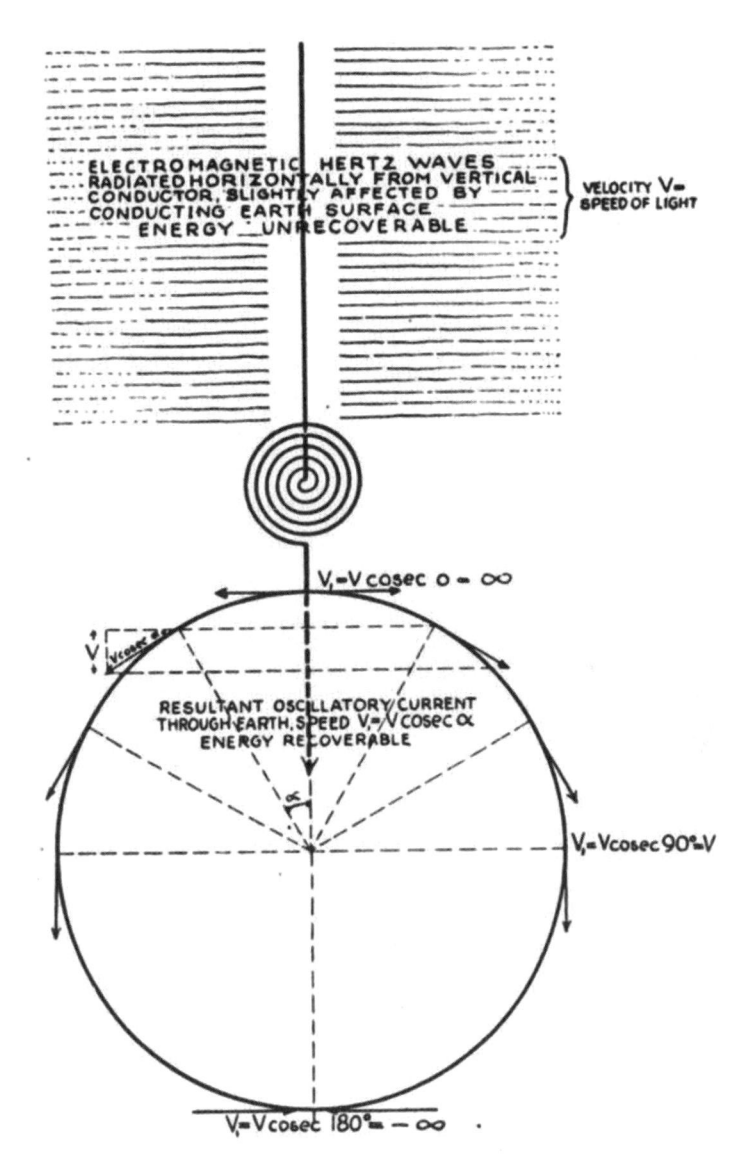

特斯拉第一次描述了他為地球上所有工業提供無線電源的新系統。通過一系列剛剛完善的發現和發明，特斯拉顛覆了迄今為止被認為是固定不變的自然規律之一。

來自未來的超時代神人—尼古拉・特斯拉

世紀之交流電博物館及特斯拉圖書館。

第 5 章／未來的靈性科學發展，以新世界觀做為導航

尼古拉特斯拉紀念碑在尼亞加拉瀑布國家公園。

來自未來的超時代神人—尼古拉・特斯拉 369

尼古拉特斯拉紀念碑在尼亞加拉瀑布國家公園。

尼古拉特斯拉紀念碑在尼亞加拉瀑布國家公園。

242

第 5 章 / 未來的靈性科學發展，以新世界觀做為導航

尼古拉特斯拉紀念碑在尼亞加拉瀑布國家公園。

來自未來的超時代神人—尼古拉・特斯拉

尼古拉特斯拉紀念碑在尼亞加拉瀑布國家公園。

附錄：尼古拉特斯拉縱向波能量全息芯片

附錄：尼古拉特斯拉縱向波能量全息芯片

美國沃倫・漢奇 Warren Hanchey 是一位研究學者，來自喬治亞州亞特蘭大，十八年專注於生物能量學研究領域。他所開發的標量波技術，就是尼古拉特斯拉在一九〇〇年代早期開發的東西。特斯拉在紐約實驗室裡研究電力的時候，他偶然發現一種新型波形，當時他感覺到了一種刺痛的效果，他將電路調整到某些共振時，無論他在刺痛效應背後遇到什麼樣的障礙，它都會持續存在。很快發現的是一種以前從未發現過的新型波形。

沃倫・漢奇二〇〇六年創立健康研究所，開發全息芯片相關產品，在二〇〇七年夏天，在研究腕帶和全息圖等各種基材的時候，遇到了一位名叫康斯坦丁・梅爾博士，梅爾博士被公認為縱向標量波領域的專家。他們花了數年時間回到特斯拉使用的設備，將其發

沃倫・漢奇 Warren Hanchey

來自未來的超時代神人—尼古拉‧特斯拉

展成為現代縱量波，來證明物理的幾個不同領域技術，他們從不同的分子中實際提取信息並將其傳輸出。

沃倫‧漢奇把這個技術的信息帶到南加州，對著一群醫生和非常聰明的研究人員做一場演講，讓他們對縱量波技術有深刻的印象，我們的技術擺脫了無線電，提高了它的縱標量波設備，已就是使用一種稱為縱波的方法來代替無線電波。沃倫‧漢奇在兩次世界標量波醫學會議上發言，在歐洲遇到了很多使用他的縱標量波的研究人員，他們建立了深厚的友誼，並舉行的新會議，討論在存儲中補進生物信息，就在這個當中他們發現全息圖，沃倫‧漢奇當然希望這一項目成為他的團隊想做的一部分。

在一個小範圍內積累大量信息空間，然後我們開始研究其他材料，如製作腕帶的二氧化矽，以及「銅肽 ghk cu」，肽可以發出更好的信號。其核心技術即是縱向標量波本身就是零點能量，縱向標量波 Longitudinal Magnetic Waves 是一種震盪方向與傳播，方向平行

康斯坦丁‧梅爾博士
Dr‧Konstantin Meyl

246

附錄：尼古拉特斯拉縱向波能量全息芯片

尼古拉特斯拉 Nikola Tesla 說他自己的所有創作發明，都不是他的想像，是來宇宙的另一維度，他只是直接接收訊息而已，這就是一般人無法想像的宇宙奧秘。宇宙不可思議的能量訊息本來存在那裏，只要有對的頻率和共振就可取得。沃倫‧漢奇縱向標量波技術，標量波運有傳遞能量能力的縱向波，它存儲了印有我們機體生物系統的資料，並在細胞進行信機制以產生反應，邀活人體自愈系統達到平衡狀態，重建生命活力。

沃倫‧漢奇的「全息芯片」深度融合了中國古代智慧中的東方觀念與西方的全息技術，具體表現在結合了中醫經絡系統理念和 DNA 以及細胞間通訊的縱向標量波技術上。

這個技術透過順勢療法來啟動身體自我癒合的潛力，調整身體的能量平衡、物質平衡、氣血平衡、陰陽平衡以及營養平衡。

尼古拉特斯拉 Nikola Tesla 的超能五維波，帶有五維宇宙共振頻率，生命本質意識層次的能量型態，可以穿透任何物質，包括法拉第籠。還可以提取資料，可以將物質的頻率調製到全息芯片上。

1 法拉第籠，又稱法拉第屏蔽罩，是一個由金屬或者良導體形成的籠子。由於金屬的靜電等勢性，可以有效遮蔽外電場的電磁干擾。法拉第遮罩無論被加上多高的電壓內部也不存在電場。而且由於金屬的導電性，即使籠子通過很大的電流，內部的物體通過的電流也微乎其微。在面對電磁波時，可以有效地阻止電磁波的進入。

來自未來的超時代神人—尼古拉·特斯拉

古代中國人已經瞭解到身體的能量是如何流經特定通道的，當這種能量流動受阻時，身體就會出現問題。古代中國人使用中醫經絡穴位針灸療法來校正這種能量流動，以提升身體的功能。這種縱向波技術不僅具有能量和數據傳輸的能力，還透過改進其磁性部分的傳輸方式，實現了東方古代智慧與現代西方全息方法的完美結合。

全息芯片的主要功能在於啟動人體的自癒能力，也就是「啟動機體自癒力」的功能，這是透過縱向標量波技術實現的。這種技術儲存了我們身體生物系統的資料，並能夠在細胞間進行通信，引發身體自愈系統的反應，使其達到平衡狀態，從而重建生命活力的程度。此外，「植物信號標量」利用植物本身的量子特性，與身體特異性量子之間產生諧振關係。當經過量子化處理後，能夠改變體內資訊的流通活動，疏通經絡，並將調補功能發揮到最優化的程度。

關於全息芯片對「人體經絡系統」的作用，經絡可視為能量或氣流在身體中流動的通道，而其中的一些點稱為穴位，這些穴位位於經絡的特定路徑上。經絡系統在人體中起著運行氣血、聚合臟腑、連接體表和調節整體身體功能的關鍵作用。全息芯片通過將生物信號轉化成標量波的數據，當它被放置在特定穴位上時，這些穴位作為接收器。特微的電場

248

附錄：尼古拉特斯拉縱向波能量全息芯片

通過縱向標量波進行傳輸，能夠自然地調節和恢復能量的流動，這有助於保持身體在最佳性能狀態下運作，使自身與生活保持最佳的協調。

全息芯片為現代人提供了便捷的幫助，它能夠隨時隨地使用，不受時間和空間的限制。沃倫·漢奇一直是生物能學領域的領導人物，通過不斷的研究和測試，他最終成功開發出一項突破性的生物能源技術。這項技術將生物信號和穴位經絡之間的傳導過程付諸實踐，利用縱向磁波技術為全息數據提供能源支援，從而調整身體的能量潛力。這種技術不需要藥物、化學物質、針頭，沒有副作用，它是沃倫·漢奇留給人類的最寶貴的遺產。

沃倫·漢奇成功打造第一代縱波全息芯片，是能量全息芯片之父，全息芯片在被使用之前，必須經過8號實驗室（8ight research labs）嚴格的測試成功，才能保證其安全性，這是身為技術者的責任，也是保障使用者的安全與健康。今天有幸使用能量帶和能量生物應用全息圖的方式，對人體產生不同的影響，提升能量，促進健康，完全沒有介入性的干涉，可說是處在AI時代，人類最幸福的福音。

249

大千出版社 UNIVERES

國家圖書館出版品預行編目(CIP)資料

來自未來的超時代神人「尼古拉・特斯拉」：足以讓十九世紀進步到2350年的慈悲科學家 / 珊朵拉著. -- 增訂版. -- 新北市：大千, 民112.9
　　面；　公分. -- （覺醒科學；AS11201）
　　ISBN 978-957-447-408-0（平裝）

1.特斯拉(Tesla, Nikola, 1856-1943) 2.傳記 3.發明 4.靈修

785.28

◎ 覺醒科學 AS11201

來自未來的超時代神人－尼古拉・特斯拉【增訂版】
足以讓十九世紀進步到2350年的慈悲科學家

作　　者	珊朵拉
出 版 者	大千出版社
發 行 人	梁崇明
登 記 證	行政院新聞局局版台省業字第244號
網　　址	http://www.darchen.com.tw
P.O.BOX	中和郵政第2-193號信箱
發 行 處	235 新北市中和區板南路498號7樓之2
電　　話	(02)2223-1391（代表號）
傳　　真	(02)2223-1077
劃撥帳號	1884-0432　大千出版社
E-mail	darchentw@gmail.com
銀行匯款	銀行代號：006 帳號：3502-717-003191 合作金庫銀行北中和分行　戶名：大千出版社
總經銷商	紅螞蟻圖書有限公司
地　　址	114 台北市內湖區舊宗路二段121巷19號
電　　話	(02)2795-3656
傳　　真	(02)2795-4100
E-mail	red0511@ms51.hinet.net
初　　版	中華民國 112 年 9 月
流 通 費	350 元（郵購未滿1500元請自付郵資80元，採掛號寄書）
I S B N	978-957-447-408-0

◎版權所有　翻印必究◎

本書如有缺頁，破損，裝訂錯誤，請寄回本社調換